BOM DEMAIS PARA SER IGNORADO

CAL NEWPORT
AUTOR DE *MINIMALISMO DIGITAL* E *TRABALHO FOCADO*

BOM DEMAIS PARA SER IGNORADO

Por que as **habilidades** superam a paixão na busca pelo **trabalho** que você adora

ALTA BOOKS
E D I T O R A
Rio de Janeiro, 2022

Bom Demais para Ser Ignorado

Copyright © 2022 da Starlin Alta Editora e Consultoria Eireli.
ISBN: 978-65-5520-222-9

Translated from original So good they can't ignore you: why skills trump passion in the quest for work you love. Copyright © 2012 by Calvin C. Newport. ISBN 978-1-4555-0912-6. This translation is published and sold by permission of Basic Books, an imprint of Grand Central Publishing, a subsidiary of Hachette Book Group, Inc., the owner of all rights to publish and sell the same. PORTUGUESE language edition published by Starlin Alta Editora e Consultoria Eireli, Copyright © 2022 by Starlin Alta Editora e Consultoria Eireli.

Impresso no Brasil — 1ª Edição, 2022 — Edição revisada conforme o Acordo Ortográfico da Língua Portuguesa de 2009.

Dados Internacionais de Catalogação na Publicação (CIP) de acordo com ISBD

N558b   Newport, Cal
           Bom demais para ser ignorado: por que as habilidades superam a paixão na busca pelo trabalho que você adora / Cal Newport ; traduzido por Michaela Korytowski. – Rio de Janeiro : Alta Books, 2022.
           288 p. ; 16cm x 23cm.

           Tradução So Good that They Can't Ignore You
           Inclui índice.
           ISBN: 978-65-5520-222-9

           1. Autoajuda. 2. Busca de emprego. 3. Habilidades. 4. Paixão. I. Korytowski, Michaela. II. Título.

2022-1098   CDD 158.1
                                          CDU 159.947

Elaborado por Odílio Hilario Moreira Junior - CRB-8/9949

Índice para catálogo sistemático:
1. Autojuda 158.1
2. Autojuda 159.947

Todos os direitos estão reservados e protegidos por Lei. Nenhuma parte deste livro, sem autorização prévia por escrito da editora, poderá ser reproduzida ou transmitida. A violação dos Direitos Autorais é crime estabelecido na Lei nº 9.610/98 e com punição de acordo com o artigo 184 do Código Penal.

A editora não se responsabiliza pelo conteúdo da obra, formulada exclusivamente pelo(s) autor(es).

Marcas Registradas: Todos os termos mencionados e reconhecidos como Marca Registrada e/ou Comercial são de responsabilidade de seus proprietários. A editora informa não estar associada a nenhum produto e/ou fornecedor apresentado no livro.

Erratas e arquivos de apoio: No site da editora relatamos, com a devida correção, qualquer erro encontrado em nossos livros, bem como disponibilizamos arquivos de apoio se aplicáveis à obra em questão.

Acesse o site www.altabooks.com.br e procure pelo título do livro desejado para ter acesso às erratas, aos arquivos de apoio e/ou a outros conteúdos aplicáveis à obra.

Suporte Técnico: A obra é comercializada na forma em que está, sem direito a suporte técnico ou orientação pessoal/exclusiva ao leitor.

A editora não se responsabiliza pela manutenção, atualização e idioma dos sites referidos pelos autores nesta obra.

Produção Editorial
Editora Alta Books

Diretor Editorial
Anderson Vieira
anderson.vieira@altabooks.com.br

Editor
José Rugeri
j.rugeri@altabooks.com.br

Gerência Comercial
Claudio Lima
claudio@altabooks.com.br

Gerência Marketing
Andrea Guatiello
marketing@altabooks.com.br

Coordenação Comercial
Thiago Biaggi

Coordenação de Eventos
Viviane Paiva
comercial@altabooks.com.br

Coordenação ADM/Finc.
Solange Souza

Direitos Autorais
Raquel Porto
rights@altabooks.com.br

Produtor Editorial
Thiê Alves

Produtores Editoriais
Illysabelle Trajano
Larissa Lima
Maria de Lourdes Borges
Paulo Gomes
Thales Silva

Equipe Comercial
Adriana Baricelli
Daiana Costa
Fillipe Amorim
Heber Garcia
Kaique Luiz
Maira Conceição
Victor Hugo Morais

Equipe Editorial
Beatriz de Assis
Brenda Rodrigues
Caroline David
Gabriela Paiva
Henrique Waldez
Marcelli Ferreira
Mariana Portugal

Marketing Editorial
Jessica Nogueira
Livia Carvalho
Marcelo Santos
Pedro Guimarães
Thiago Brito

Atuaram na edição desta obra:

Tradução
Michaela Korytowski

Copidesque
Carlos Bacci

Revisão Gramatical
Fernanda Lutfi
Lyvia Felix

Diagramação
Luisa Maria Gomes

Capa
Marcelli Ferreira

Editora afiliada à:

Rua Viúva Cláudio, 291 – Bairro Industrial do Jacaré
CEP: 20.970-031 – Rio de Janeiro (RJ)
Tels.: (21) 3278-8069 / 3278-8419
www.altabooks.com.br — altabooks@altabooks.com.br
Ouvidoria: ouvidoria@altabooks.com.br

Para Julie

Sobre o Autor

CAL NEWPORT é professor assistente na Universidade de Georgetown. Anteriormente, obteve doutorado no MIT e bacharelado na Universidade de Dartmouth.

Newport é autor de três livros de conselhos não convencionais para estudantes: *How to Be a High School Superstar*, *How to Become a Straight-A Student* e *How to Win at College*. Ele administra o blog popular Study Hacks, que decodifica padrões de sucesso para estudantes do ensino médio e universitários.

Ele mora com a esposa em Washington, D.C. Faça-lhe uma visita em: www.calnewport.com [conteúdo em inglês].

Agradecimentos

A decisão de escrever este livro pode ser reconstituída por meio de uma série de postagens sobre a hipótese da paixão que publiquei primeiramente em meu blog, Study Hacks. A reação dos meus leitores foi imediata e enorme. Esse feedback ajudou a formar, e focar, meu pensamento nesse assunto e me convencer que esta era uma discussão que valia a pena ser compartilhada com um público maior. Desse modo, quero agradecer por me incentivarem a começar este projeto.

E foi nesse momento que minha equipe editorial entrou em cena. Laurie Abkemeier, minha agente e mentora de longa data, fez sua mágica e me ajudou a transformar meus vários pensamentos em uma proposta de um livro coerente. Livro este que acabou nas mãos de Rick Wolff do Grand Central/Business Plus e eu não poderia ter ficado mais feliz com essa circunstância. Rick é o tipo de editor que os autores esperam. Ele entendeu minha ideia em nível intuitivo e seu entusiasmo nunca diminuiu. Ele me ajudou a encontrar o tom correto para expressar esses argumentos provocantes de uma maneira que as pessoas os aceitariam. O livro é indiscutivelmente melhor devido a seus esforços.

E finalmente, minha esposa, Julie, que foi indispensável no processo da escrita. Ela não apenas leu rascunhos do meu trabalho, mas também ouviu infinitas versões dos meus pensamentos, sempre oferecendo feedback sincero e claro. Uniu-se aos esforços dela meu amigo Ben Casnocha, que concebeu, vendeu e escreveu um livro de orientação profissional ao mesmo tempo que o meu, permitindo que trocássemos inúmeras conversas úteis em todas as etapas do processo.

Sumário

Sobre o Autor	vii
Agradecimentos	ix
Introdução	xiii

Regra 1
Não Siga Sua Paixão

Capítulo Um: A "Paixão" de Steve Jobs	3
Capítulo Dois: A Paixão é Rara	11
Capítulo Três: A Paixão é Perigosa	19

Regra 2
Seja Tão Bom que Eles Não Poderão Ignorar Você

Capítulo Quatro: A Clareza do Artesão	29
Capítulo Cinco: O Poder do Capital de Carreira	43
Capítulo Seis: Os Capitalistas de Carreira	59
Capítulo Sete: Tornando-se um Artesão	75
RESUMO DA REGRA 2	100

REGRA 3

Recuse uma Promoção
(Ou a Importância do Controle)

Capítulo Oito: O Elixir do Emprego dos Sonhos	105
Capítulo Nove: A Primeira Armadilha do Controle	115
Capítulo Dez: A Segunda Armadilha do Controle	123
Capítulo Onze: Evitar as Armadilhas do Controle	135
RESUMO DA REGRA 3	142

REGRA #4

Pense Pequeno, Aja Grande
(Ou a Importância da Missão)

Capítulo Doze: A Vida Significativa de Pardis Sabeti	147
Capítulo Treze: Missões Requerem Capital de Carreira	155
Capítulo Quatorze: Missões Requerem Pequenas Apostas	169
Capítulo Quinze: Missões Necessitam de Marketing	183
RESUMO DA REGRA 4	195

Conclusão	197
Glossário	227
Resumos de Perfil de Carreiras	235
Notas	249
Índice	257

Introdução

A Paixão do Monge

"'Siga sua paixão' é um conselho perigoso."

Thomas compreendeu isso em um dos últimos lugares que se poderia esperar. Ele estava fazendo uma trilha pela floresta de carvalhos que contorna a bacia sul da Tremper Mountain. A trilha é uma das muitas que cruzam a propriedade de 93 hectares do mosteiro Zen, esse recanto das montanhas de Catskill é chamado de lar desde o início dos anos 1980. Thomas ingressara ali para uma estada de dois anos como monge praticante. Sua chegada, um ano antes, foi a realização de um sonho que tinha acalentado por anos. Ele havia perseguido sua paixão pela filosofia Zen até esse retiro isolado em Catskill e, em troca, esperava alcançar a felicidade. No entanto, enquanto caminhava na floresta de carvalhos naquela tarde, ele começou a chorar, sua fantasia se desmoronando a seu redor.

"Eu sempre me perguntava: 'Qual é o significado da vida?'" Foi o que Thomas me disse quando o encontrei pela primeira vez em um café em Cambridge, Massachusetts. Até então, já havia passado muitos anos desde a revelação de Thomas em Catskills, mas o caminho que o fez chegar àquele ponto continuava claro e ele estava ávido para tocar no assunto, como se recontar pudesse exorcizar os demônios de seu passado confuso.

Após conseguir o bacharelado em filosofia e teologia, e o mestrado em religião comparativa, Thomas decidiu que a prática do Zen Budismo era o segredo para uma vida significativa. Ele me disse: "Havia uma mistura tão grande entre a filosofia que eu estava estudando e o Budismo, que pensei, 'praticarei diretamente o Budismo para responder a estas grandes questões.'"

Contudo, após se formar, Thomas precisava de dinheiro, então trabalhou em vários empregos. Como exemplo, ele passou um ano ensinando inglês em Gumi, uma cidade industrial no centro da Coreia do Sul. Para muitos, a vida no leste da Ásia pode parecer romântica, mas seu exotismo logo cansou Thomas. "Todas as noites de sexta-feira, após o trabalho, os homens se encontravam nessas barracas de comidas cujos toldos se estendiam além delas", contou-me Thomas. "Eles se reuniam para beber soju (um licor de arroz destilado) até tarde da noite. Durante o inverno, vapores escapavam dos toldos vindos dos homens que bebiam. No entanto, o que mais me lembro é que na manhã seguinte as ruas estavam cobertas com vômito seco."

Essa busca de Thomas também o inspirou a viajar pela China, ir até o Tibete e passar um tempo na África do Sul, dentre outras viagens, antes de acabar em Londres trabalhando em um emprego desinteressante de digitação. Durante esse período, Thomas nutriu sua convicção de que o Budismo tinha a chave para a sua felicidade. Com o passar do tempo, esse devaneio evoluiu para a ideia de viver como um monge. "Eu tinha construído uma fantasia tão incrível sobre a prática Zen e viver em um monastério", explicou ele, "que isso passou a representar meu sonho se tornando realidade". Todos os outros trabalhos eram sem graça comparados a essa fantasia. Ele estava decidido a seguir sua paixão.

Introdução xv

Foi em Londres que Thomas ouviu falar pela primeira vez do mosteiro Zen da montanha e, imediatamente, sentiu-se atraído por sua reputação de seriedade. "Aquelas pessoas estavam praticando Zen de forma intensa e sincera", recorda ele. Sua paixão insistia em dizer que o mosteiro era o lugar ao qual pertencia.

Levou nove meses para Thomas completar o processo de admissão. Quando, finalmente, desembarcou no aeroporto Kennedy, já aprovado para viver e praticar meditação no mosteiro, tomou um ônibus para levá-lo ao interior de Catskill. A viagem levou três horas. Depois de deixar a cidade grande para trás, o ônibus passou por cidades menores e pitorescas, com os cenários ficando "progressivamente mais bonitos". Em uma cena de um simbolismo quase forjado, o ônibus por fim chegou ao pé da Tremper Mountain, onde parou e deixou Thomas em um cruzamento. Ele andou da parada do ônibus por uma estrada que levava até a entrada do mosteiro, guardado por um par de portões de ferro ornamentado, deixado aberto para os recém-chegados.

Uma vez no local, Thomas se aproximou do prédio principal, uma igreja de quatro pisos convertida em um mosteiro, construída com arenito de cor azul e carvalho da região. "É como se a montanha se oferecesse como morada para a prática espiritual", assim os monges do mosteiro a descrevem em sua literatura oficial. Ao cruzar as portas duplas de carvalho, Thomas foi saudado pelo monge encarregado das boas-vindas aos recém-chegados. Esforçando-se para descrever suas emoções sobre essa experiência, Thomas finalmente conseguiu me explicá-las da seguinte forma: "Era como se você estivesse faminto e soubesse que receberia uma refeição maravilhosa, foi isso que essa experiência representou para mim."

A nova vida de Thomas como monge começou muito bem. Ele morava em uma pequena cabana na floresta, atrás do prédio principal. Logo nos primeiros dias, ele perguntou para um monge mais experiente, que vivia em uma cabana similar à dele por mais de 15 anos, se ele tinha se cansado de fazer o caminho que liga as residências ao prédio principal. "Eu estou apenas começando a aprendê-lo", respondeu o monge de forma meditativa.

Os dias no mosteiro Zen da montanha, dependendo da época do ano, começavam cedo, às 4h30 da manhã. Permanecendo em silêncio, os monges saudavam o nascer do dia com meditações de 40 a 80 minutos em esteiras colocadas com "precisão geométrica" no salão principal. A vista pelas janelas góticas na frente do salão era espetacular, mas as esteiras mantinham os meditadores muito baixos para conseguirem vê-la. Um par de monitores ficava no fundo da sala e de vez em quando eles andavam entre as esteiras. Thomas explicou, "se estivesse caindo de sono, podia pedir que lhe batessem com uma vareta que tinham para esse propósito".

Depois do café da manhã, servido no mesmo salão, cada um recebia uma tarefa. Thomas passava o tempo limpando o banheiro e cavando fossas como parte de suas tarefas de limpeza, mas também foi designado para outro afazer um pouco anacrônico: lidar com o design gráfico do jornal impresso do mosteiro. Um dia típico continuaria com mais meditações, entrevistas com praticantes mais experientes e, com muita frequência, longas e inescrutáveis palestras sobre o Dharma. Os monges tinham uma pausa todo fim de tarde antes do jantar. Thomas aproveitava essa trégua para acender seu fogão a lenha e preparar-se para as noites frias de Catskill.

Os problemas de Thomas começaram com os koans. Um koan, na tradição Zen, é um enigma, com frequência apresentado como uma narrativa ou pergunta. Eles são feitos para desafiar respostas lógicas e, então, forçá-lo a acessar um entendimento mais intuitivo da realidade. Ao explicar o conceito para mim, Thomas deu o seguinte exemplo, com o qual se deparou no início da prática: "Mostre-me uma árvore imóvel diante um vento forte."

"Eu nem sei que tipo de resposta seria possível para isso", protestei.

"Em uma entrevista", explicou ele, "você tem que responder imediatamente, sem pensar. Se você fizer uma pausa, como fez, eles o colocam para fora da sala e a entrevista é encerrada".

"Certo, eu teria sido colocado para fora."

"Veja a resposta que eu dei para passar no koan", disse ele. "Eu fiquei de pé, como uma árvore, e acenei minhas mãos levemente como se fosse o vento. Certo? A questão é que aquilo se tratava de um conceito que não é possível, realmente, capturar com palavras."

Na prática séria do Zen, um dos primeiros grandes obstáculos que um jovem praticante enfrenta é o mu koan. Passar por esse koan é o primeiro dos "oito portões" do Zen Budismo. Enquanto não cruzar esse primeiro portão, você não será considerado um estudante sério da prática. Thomas estava relutante em me explicar sobre esse koan. Eu havia encontrado algo sobre isso em minha pesquisa sobre o Zen: já que esses enigmas desafiam a racionalidade, qualquer tentativa de descrevê-los a um não praticante não vale a pena. Por isso não pressionei Thomas por detalhes. Resolvi pesquisar no Google. E veja uma versão que achei:

Um peregrino no caminho perguntou ao Grande Mestre Zhaozhou: "O cachorro tem a natureza do Buddha ou não?" Zhaozhou respondeu, "Mu".

Em chinês, mu é a tradução próxima de "não". De acordo com as interpretações que encontrei, Zhaozhou não respondeu à pergunta do peregrino, em vez disso devolveu a pergunta para ele. Thomas teve dificuldades para passar nesse koan, concentrando-se nele intensamente por meses. "Eu trabalhei e trabalhei neste koan", contou ele. "Eu ia para cama pensando nele, deixei que ele habitasse todo o meu corpo".

E, então, Thomas conseguiu decifrá-lo.

"Um dia eu estava caminhando na floresta, e algo aconteceu. Estava olhando para as folhas e 'eu' havia desaparecido. Todos nós passamos por experiências como esta, mas não damos valor a elas. Mas, quando tive esta experiência, eu estava preparado para ela e aquilo foi como um clique. Eu percebi: 'Esse é todo o koan.'" Thomas tinha alcançado um vislumbre da unidade da natureza que forma o cerne do entendimento budista do mundo. Era essa unidade que levava à resposta para o koan. Empolgado, em sua próxima entrevista com um monge mais experiente, Thomas fez um gesto — "um gesto simples, algo que você faz no dia a dia" — que deixava claro que ele tinha um entendimento intuitivo da resposta do koan. Ele tinha conseguido passar pelo primeiro portão. Ele era oficialmente um estudante sério do Zen Budismo.

Não muito tempo depois de passar o mu koan, Thomas teve sua revelação sobre a paixão. Ele estava caminhando pela mesma floresta onde decifrou o koan. Munido da percepção adquirida por ter passado o mu koan, ele começou a entender as palestras, às

Introdução

vezes obtusas, dadas quase todos os dias pelos monges seniores. Ele disse: "Conforme caminhava naquela trilha, percebi que todas aquelas palestras falavam as mesmas coisas que o mu koan." Em outras palavras, *era isto. Essa era a vida oferecida a um monge zen: reflexões cada vez mais sofisticadas sobre esta percepção fundamental.*

Thomas tinha alcançado o auge da sua paixão — e agora podia se chamar de praticante do Zen —, mas mesmo assim ainda não havia experimentado a felicidade e a paz pura que povoavam seus devaneios.

"Na realidade, nada tinha mudado. Eu era exatamente a mesma pessoa, com as mesmas preocupações e ansiedades. E em uma tarde de domingo percebi isso e comecei a chorar."

Thomas seguiu sua paixão até o monastério Zen da montanha, acreditando, como muitas pessoas, que a chave para a felicidade é identificar sua verdadeira vocação e, então, persegui-la com toda a coragem possível. Mas, como vivenciou Thomas naquela tarde de domingo na floresta de carvalho, essa crença é assustadoramente ingênua. Realizar o sonho de se tornar um praticante Zen em tempo integral *não* transformou a vida dele em algo incrivelmente mágico.

Como Thomas descobriu, o caminho para a felicidade — ao menos no que diz respeito ao que faz para viver — é mais complicado do que simplesmente responder a clássica pergunta: "O que devo fazer com a minha vida?"

Introdução

Uma Busca Se Inicia

No verão de 2010, fiquei obcecado em responder a uma simples pergunta: _Por que algumas pessoas acabam amando o que fazem, enquanto tantas outras não?_ Foi essa obsessão que me levou a pessoas como Thomas, cujas histórias ajudaram a consolidar uma ideia presumida, há muito tempo, como verdadeira: quando se trata de criar um trabalho que você ama, seguir sua paixão não é um conselho particularmente útil.

A explicação para o que começou a me fazer seguir esse caminho é mais ou menos esta: durante o verão de 2010, quando essa preocupação começou a aumentar, eu era um assistente de pós-doutorado no MIT, onde eu obtivera um ano antes meu doutorado em ciência da computação. Eu estava no caminho para me tornar professor, que, em um curso de pós-graduação como é o MIT, é considerado o único caminho respeitável. Se der tudo certo, a carreira de professor ali é um emprego para toda a vida. Ou seja, em 2010, eu estava planejando como seria minha primeira e talvez última busca por emprego. Se houvesse uma época para descobrir o que gera paixão na vida de alguém, seria essa.

Nesse período, o que mais prendia minha atenção era a possibilidade real de que eu não conseguiria alcançar meu intento de seguir a carreira de professor. Pouco tempo depois de ter me encontrado com Thomas, agendei uma reunião com meu orientador para discutir sobre minha busca por uma carreira acadêmica. Ele iniciou a conversa perguntando: "Até que ponto está disposto a trabalhar em uma faculdade que não seja tão boa?" O mercado de trabalho na área acadêmica é sempre brutal, mas em 2010, com a economia ainda em recessão, estava especialmente mais difícil.

Para piorar, meu tipo de pesquisa não havia se mostrado tão popular nos anos recentes. Os últimos dois estudantes que conquistaram o título e faziam parte do grupo em que eu escrevera minha dissertação foram lecionar na Ásia, enquanto os dois últimos estudantes aprovados da turma de pós-doutorado foram para Lugano, na Suíça, e Winnipeg, no Canadá, respectivamente. "Não posso deixar de dizer que achei todo o processo muito difícil, estressante e deprimente", um desses ex-estudantes me disse. Uma vez que minha esposa e eu queríamos continuar nos Estados Unidos, e de preferência na costa leste, algo que diminuía nossas opções de forma drástica, tive que encarar a real possibilidade de fracassar em minha busca pela carreira acadêmica e de me forçar a começar do zero e descobrir o que fazer da minha vida.

Foi nesse cenário que comecei o que chamo de "minha busca". Minha pergunta era clara: *Como as pessoas acabam amando o que fazem?* E eu precisava de uma resposta.

Este livro documenta o que descobri em minha pesquisa.

Veja o que você pode esperar das páginas a seguir:

Como mencionado, não fui mais adiante em minha busca até perceber, como Thomas percebeu antes de mim, que o pensamento convencional sobre o sucesso na carreira — *siga sua paixão* — é seriamente falho. E não é apenas falho ao descrever como a maioria das pessoas acaba conseguindo carreiras fascinantes, mas para muitas pessoas ele pode deixar as coisas ainda piores, levando a mudanças crônicas de emprego e a uma angústia inquietante, como aconteceu com Thomas, cuja realidade inevitavelmente ficou aquém de seus sonhos.

Tendo isso como ponto de partida, começo com a Regra 1, na qual desqualifico a supremacia da *hipótese da paixão*. Mas não paro por aí. Minha busca me estimulou a ir além de identificar o que não funciona, insistindo que eu também respondesse ao seguinte: **Se "seguir sua paixão" é um mau conselho, então o que eu devo fazer?** Minha busca para esta resposta, descrita nas Regras 2 a 4, me levou a lugares inesperados. Para melhor entender a importância da autonomia, por exemplo, fiquei por um dia em uma fazenda orgânica pertencente a um jovem formado em uma dessas universidades americanas de altíssimo nível. Para melhorar meu sutil entendimento sobre habilidades, passei um tempo com músicos profissionais — exemplos de uma cultura de artesãs que está morrendo, que eu achava que tinham algo importante a dizer sobre como nós abordamos a questão do trabalho. Eu também me aprofundei no mundo dos capitalistas de risco, roteiristas, programadores de computador famosos e, claro, professores bem-sucedidos, só para citar alguns exemplos entre muitos — tudo em um esforço para selecionar o que realmente importa, e o que não importa, quando se trata de construir uma carreira fascinante. Fiquei surpreso com a quantidade de fontes de inspiração que se tornaram visíveis uma vez tendo eu dissipado a névoa obscura gerada por uma insistência monofocada em seguir a paixão.

Os relatos deste livro estão ligados por algo em comum: a *importância da habilidade*. Eu descobri que o que torna um emprego excelente são coisas raras e valiosas. Se as quer em sua vida profissional, precisará de algo raro e valioso para oferecer em troca. Ou seja, você precisa ser bom em alguma coisa, antes de esperar por um bom emprego.

Claro, a maestria por ela mesma não é o suficiente para garantir felicidade: os muitos exemplos de *workaholics* bem respeitados, mas infelizes, estão aí para confirmar isso. Consequentemente, essa linha principal de meu argumento vai além da mera aquisição de habilidades úteis e entra na arte sutil de investir o *capital de carreira* que isso gera nos tipos certos de características em sua vida profissional.

Esse argumento muda o pensamento convencional. Ele coloca a paixão de lado, afirmando que este sentimento é um efeito colateral de viver uma vida profissional bem vivida. Já não seguir sua paixão faz com que você siga na busca de se tornar, nas palavras da minha citação favorita de Steve Martin, "tão bom que eles não poderão ignorar você".

Para muitos, esse conceito é uma mudança radical e, como qualquer ideia contestadora, precisa ter uma apresentação chamativa. Por esse motivo escrevi este livro em estilo de manifesto. Dividi o conteúdo em quatro "regras", cada uma com um título intencionalmente provocativo. Também tentei fazer um livro curto e impactante: quero mostrar uma nova maneira de olhar o mundo, mas não quero sobrecarregar as novas ideias com excessos de exemplos e debates. Este livro *oferece* conselhos concretos, mas você não encontrará em suas páginas sistemas passo a passo ou perguntas de autoavaliação. O livro trata de um assunto muito sutil que não dá para ser reduzido a fórmulas.

No final deste livro, você ficará sabendo como a minha própria história termina e as maneiras específicas pelas quais estou aplicando essas ideias disruptivas em minha vida profissional. Vamos sempre retornar ao caso de Thomas, que, mesmo após a revelação desanimadora no mosteiro, foi capaz de voltar a seus primeiros princípios, afastar o foco de encontrar o *trabalho certo* e ir na direção do *trabalhar certo*, e que mais tarde obteve, pela primeira vez em sua vida, o amor pelo que faz. Essa é a felicidade que você também pode buscar.

Espero que as ideias a seguir o libertem de frases prontas como "siga sua paixão" e "faça o que ama" — o tipo de frase que aflige o dia a dia de tantas pessoas e ajudou a gerar confusão na carreira muitas outras — e lhe possibilitem trilhar um caminho *realista* em direção a uma vida profissional significativa e envolvente

Regra 1

Não Siga Sua Paixão

Capítulo Um

A "Paixão" de Steve Jobs

*Na qual eu questiono a validade da **hipótese da paixão**, que diz que o segredo da felicidade profissional é combinar seu trabalho com uma paixão preexistente.*

A Hipótese da Paixão

Em junho de 2005, Steve Jobs subiu ao palco do Estádio de Stanford para fazer o discurso da cerimônia de entrega de diplomas para os formandos. Vestindo jeans e sandálias por baixo da beca, Jobs fez um discurso curto, baseado nas lições de sua vida, para uma multidão de 23 mil pessoas. Quando tinha completado um terço do discurso, Jobs deu o seguinte conselho:

> *Você precisa encontrar o que ama... [A] única maneira de fazer um ótimo trabalho é amar o que faz. Se ainda não o encontrou, continue procurando e não se acomode.*

Quando terminou, foi ovacionado de pé.

Embora o discurso de Jobs tenha várias lições diferentes, a ênfase em fazer o que você ama foi o que realmente se sobressaiu. No comunicado oficial que descrevia o evento à imprensa, por exemplo, o serviço de notícias de Stanford informou que Jobs "insistia que os formandos perseguissem seus sonhos".

Logo depois, um vídeo não oficial do discurso foi postado no YouTube e viralizou, conseguindo 3,5 milhões de visualizações. Quando a Stanford postou o vídeo oficial, as visualizações foram mais de 3 milhões. Os comentários no vídeo voltaram-se para a importância de amar seu trabalho e as pessoas que o assistiram resumiam suas reações de maneiras similares:

"A lição mais valiosa é encontrar seu propósito, seguir suas paixões... A vida é muita curta para deixar de fazer aquilo que acha que tem que fazer."

"Siga suas paixões — a vida é para ser vivida."

"A paixão é o motor para você viver a vida."

"[É] a paixão pelo trabalho que realmente conta."

"'Não se acomodem.' Amém."

Em outras palavras, muitas das milhares de pessoas que visualizaram esse discurso ficaram empolgadas ao verem Steve Jobs — um guru do pensamento iconoclasta — colocar seu selo de aprovação em um conselho de carreira tão comum e tão atraente que eu chamo de hipótese da paixão:

A Hipótese da Paixão

O segredo para uma felicidade ocupacional é primeiramente descobrir pelo que você é apaixonado e, então, encontrar um trabalho que combine com essa paixão.

Essa hipótese é um dos temas mais em voga na sociedade norte-americana moderna. Aqueles de nós sortudos o suficiente para escolher o que fazer da vida são bombardeados com essa mensagem desde cedo. Dizem-nos para tratar como celebridades aquelas pessoas que têm coragem de seguir suas paixões, e tratar com pena os preguiçosos conformistas que se agarram em um caminho seguro.

Se você duvida que esse tipo de mensagem é onipresente, passe alguns minutos dando uma olhada na prateleira de livros sobre orientação profissional da próxima vez que visitar uma livraria. Após olhar os livros sobre como escrever um currículo e comportar-se em uma entrevista de emprego, é difícil encontrar outros que não promovam a hipótese da paixão. Esses livros têm títulos como: *Career Match: Connecting Who You Are with What You'll Love to Do* e *Do What You Are: Discover the Perfect Career for You Through the Secrets of Personality Type*, e prometem que você está apenas a alguns testes de personalidade de distância de encontrar seu emprego dos sonhos. Recentemente, uma nova e mais agressiva tendência da hipótese da paixão está sendo disseminada — uma tendência que desmerece o tradicional "trabalho de escritório" que são maus por natureza e dos quais a paixão requer que você desista sem nem mesmo pensar. E aí você encontrará títulos como *Escape from Cubicle Nation* que, conforme uma avaliação descreve, "ensina os truques para descobrir o que o faz suspirar".

REGRA 1 Não Siga Sua Paixão

Esses livros — assim como os milhares de blogueiros de tempo integral, orientadores profissionais e gurus autoproclamados que orbitam essas mesmas questões sobre a felicidade no local de trabalho — vendem a mesma lição: *para ser feliz, é preciso seguir sua paixão.* Como já me disse um importante conselheiro de carreira: "faça o que ama e o dinheiro irá segui-lo" se tornou o tema verdadeiro da área de orientação profissional.

Mas existe um problema à espreita aqui: quando enxergamos além dos slogans, que são feitos para nos sentirmos bem, e vamos fundo nos detalhes sobre como uma pessoa apaixonada, a exemplo de Steve Jobs, realmente começou sua carreira, ou quando você pergunta para os cientistas sobre o que de fato prediz um ambiente de trabalho feliz, a questão se torna muito mais complicada. Você começa a encontrar camadas de nuances que uma vez reveladas mostram a frágil convicção da hipótese da paixão, algo que logo levará ao reconhecimento preocupante: **"Seguir sua paixão" pode ser um conselho terrível**.

Foi na época em que eu estava saindo da pós-graduação que comecei a notar essas nuances, o que finalmente resultou na minha completa rejeição da hipótese da paixão e deu início ao meu objetivo de encontrar o que realmente importa para descobrir o trabalho que você ama. A Regra 1 é dedicada a mostrar meu argumento contra a paixão, pois esse vislumbre — de que "seguir sua paixão" é um mau conselho — proporcionará a base para tudo o que se segue. Talvez o melhor lugar para iniciar seja de onde começamos, com a história real de Steve Jobs e a fundação da Apple Computer.

Faça o Que Steve Jobs Fez, Não o Que Ele Disse

Se tivesse conhecido o jovem Steve Jobs nos anos que antecederam a fundação da Apple Computer, você não o teria identificado como uma pessoa apaixonada pela ideia de abrir uma empresa de tecnologia. Jobs estudou na Reed College, uma respeitada escola de artes liberais em Oregon, onde deixou os cabelos crescerem e andava descalço. Diferente de outros visionários da tecnologia de sua época, Jobs, quando era estudante, não estava particularmente interessado em negócios ou eletrônica. Em vez disso, ele estudava história e danças ocidentais e se envolvia com o misticismo oriental.

Jobs saiu da faculdade após seu primeiro ano, mas continuou no campus por um tempo, dormia no chão e comia as refeições gratuitas no templo local de Hare Krishna. Sua não conformidade o tornou uma celebridade no campus — um "esquisitão" na terminologia daquela época. Assim como observa Jeffrey S. Young em sua exaustiva pesquisa biográfica, *Steve Jobs: The Journey Is the Reward* de 1988, no fim das contas Jobs estava cansado de ser uma pessoa sem dinheiro e durante o começo da década de 1970 voltou a morar com os pais na Califórnia, convencendo-se de trabalhar em um emprego noturno na Atari. (A empresa chamou a atenção dele por meio de um anúncio no *San Jose Mercury News* que dizia, "Divirta-se e ganhe dinheiro".) Durante esse período, Jobs dividia seu tempo entre a Atari e a All-One Farm, uma comunidade rural localizada no norte de São Francisco. Em um determinado momento, ele deixou o trabalho na Atari por vários meses para fazer uma jornada espiritual mendicante pela Índia e quando voltou para casa começou a meditar seriamente no centro Zen de Los Altos.

REGRA 1 Não Siga Sua Paixão

Em 1974, depois que Jobs retornou da Índia, um engenheiro e empreendedor chamado Alex Kamradt abriu uma empresa de compartilhamento de tempo de computador chamada Call-in Computer. Kamradt procurou Steve Wozniak para que ele projetasse um monitor que pudesse vender para seus clientes acessarem seus computadores centrais. Diferente de Jobs, Wozniak era um verdadeiro gênio da eletrônica, obcecado por tecnologia, que havia estudado na faculdade. No entanto, Wozniak não tinha jeito para os negócios, então deixou que Jobs, um amigo de longa data, cuidasse dos detalhes da negociação. Tudo ia bem até o outono de 1975, quando Jobs saiu para passar uma temporada na comunidade All One. Infelizmente, ele não avisou a Kamradt. Quando retornou, havia sido substituído.

Conto essa história porque essas ações não são de alguém que é apaixonado por tecnologia e empreendimento, embora os fatos narrados tenham acontecido menos de um ano antes de Jobs fundar a Apple Computer. Ou seja, nos meses que antecederam o começo da sua empresa visionária, Steve Jobs era o típico jovem em conflito, buscando iluminação espiritual e envolvendo-se com eletrônica apenas quando esta prometia render dinheiro rápido.

E foi com essa mentalidade que mais tarde, naquele mesmo ano, Jobs deu de cara com sua grande oportunidade. Ele percebeu que os "aficionados por eletrônica" da cidade estavam empolgados com a introdução de kits de computadores que podiam ser montados em casa. (Ele não foi o único que percebeu o potencial dessa empolgação. Quando um certo jovem ambicioso estudante de Harvard viu o primeiro kit de computadores na capa da revista *Popular Electronics*, ele criou uma empresa para desenvolver uma versão da linguagem de programação BASIC para essas novas máquinas, mais tarde saindo da faculdade para se dedicar aos negócios. Ele chamou essa nova empresa de Microsoft.)

Jobs deu a Wozniak a ideia de projetar um desses kits de placa de circuito de computadores, assim eles poderiam vender para os aficionados ou entusiastas locais. O plano inicial era fabricar as placas por US$25 cada uma e vendê-las por US$50. Jobs queria vender cem placas ao todo e, após deduzir o custo da impressão das placas e a taxa de US$1,5 mil pelo projeto da placa inicial, ele teria um bom lucro de US$1 mil. Nem Wozniak, nem Jobs, deixaram seus empregos habituais. Isso era apenas um empreendimento de baixo risco para os dias livres.

Entretanto, a partir desse momento, a história rapidamente mudou a direção para virar uma lenda. Steve chegou descalço na Byte Shop, uma loja pioneira de computadores de Paul Terrel em Mountain View e ofereceu as placas de circuito para venda. Terrel não queria vender apenas placas simples, mas disse que compraria computadores totalmente montados. Ele pagaria US$500 por unidade e queria 50 o mais rápido possível. Jobs agarrou a oportunidade para ganhar uma quantidade ainda maior de dinheiro e começou a juntar capital. Foi neste inesperado golpe de sorte que a Apple Computer nasceu. Como Young enfatizou: "Os planos deles eram cautelosos e não consumiam muito tempo. Eles não sonhavam em dominar o mundo."

As Lições Confusas de Jobs

Eu compartilhei os detalhes da história de Steve Jobs porque quando se trata de encontrar um trabalho que seja gratificante os detalhes são importantes. Se o jovem Steve Jobs tivesse seguido seu próprio conselho e decidido apenas buscar o trabalho que amava, possivelmente hoje nós o encontraríamos como uns dos professores mais populares do Centro Zen de Los Altos. Mas ele não seguiu esse conselho simples. A Apple Computer decididamente não nasceu de uma paixão, em vez disso foi resultado de um golpe de sorte — um projeto que consumia pouco tempo e que de forma inesperada deu certo.

Não duvido que com o tempo Jobs tenha começado a se apaixonar pelo seu trabalho. Se você assistiu algum dos seus famosos discursos de apresentação de produtos, viu um homem que obviamente amava o que fazia. *Mas e daí?* Isso só significa que *é bom gostar do que se faz.* Esse conselho, embora verdadeiro, é quase óbvio e não nos ajuda com a pergunta insistente que realmente nos importa mais: *Como encontrar um trabalho do qual finalmente vamos gostar?* Será que, assim como Jobs, devemos resistir e não nos acomodar em uma carreira rígida e, em vez disso, tentar vários projetos pequenos e esperar que algum deles dê certo? Será que é importante o tipo de áreas de trabalho que exploramos? Como a gente sabe quando continuar com um projeto ou quando desistir dele? Em outras palavras, a história de Jobs gera mais perguntas do que respostas. Talvez a única coisa que fica clara é que, ao menos para Jobs, "siga sua paixão" não foi um conselho particularmente útil.

Capítulo Dois

A Paixão é Rara

No qual eu afirmo que quanto mais procuramos por exemplos
da hipótese da paixão*, mais reconhecemos que se trata de uma*
raridade.

A Revelação da Roadrip Nation

Acontece que o caminho complicado de Jobs para encontrar um trabalho gratificante é algo comum entre pessoas fascinantes com carreiras fascinantes. Em 2001, um grupo de quatro amigos, todos recém-formados, iniciou uma viagem pelas estradas do país, entrevistando pessoas que "(viviam) vidas voltadas ao que fazia sentido para elas". Os amigos buscavam conselhos para ajustar suas próprias carreiras a algo que fosse gratificante. Eles filmaram um documentário sobre a viagem, que foi expandido e virou uma série na PBS. Depois, lançaram uma organização sem fins lucrativos chamada Roadtrip Nation, com o objetivo de ajudar outros jovens a fazer a mesma viagem que eles. O que torna a Roadtrip Nation algo relevante é que ela mantém uma ampla videoteca das entrevistas que foram conduzidas para o projeto.[1] Talvez não haja nenhuma fonte de pesquisa melhor do que essa para se aprofundar na realidade de como as pessoas conseguem carreiras fascinantes.

REGRA 1   Não Siga Sua Paixão

Quando você passa um tempo olhando esses arquivos, que estão disponíveis de graça e online, logo percebe que a natureza confusa do caminho de Steve Jobs é mais uma regra do que uma exceção. Em uma entrevista com o apresentador de rádio Ira Glass, por exemplo, ele é pressionado por um grupo de estudantes universitários que queria saber como "descobrir o que se quer da vida" e "saber o que será bom fazer".

"Nos filmes há essa ideia de que você apenas precisa seguir seus sonhos", disse Glass a eles. "Mas eu não acredito nisso. As coisas acontecem em etapas."

Glass enfatiza que leva tempo até você se tornar bom em alguma coisa e fala sobre todos os anos que levou para dominar a profissão de radialista até o momento em que realmente teve opções interessantes na carreira. "A coisa mais importante é forçar a si mesmo por meio do trabalho, forçar para que as habilidades apareçam; essa é a fase mais difícil", disse ele.

Percebendo as feições decepcionadas de seus entrevistadores, que talvez estivessem esperando ouvir algo mais edificante do que *trabalhar é duro, então aceite a situação*, Glass continuou: "Eu acho que o problema é que vocês estão tentando julgar todas as coisas de uma forma abstrata antes mesmo de fazê-las. Esse é o terrível erro de vocês."[2]

Outras entrevistas no arquivo promovem essa mesma ideia de que é difícil prever o que vai fazer você se apaixonar. O astrobiólogo Andrew Steele, por exemplo, diz com todas as letras: "Não, eu não tinha ideia do que eu iria fazer. Eu contesto sistemas que dizem que você deve decidir agora o que deve fazer." Um dos estudantes pergunta para Steele se ele começou o seu curso de doutorado "esperando um dia mudar o mundo".

"Não", responde Steele, "eu só queria ter mais opções".[3]

Al Merrick, o fundador da Channel Island Surfboards, conta uma história semelhante sobre a questão da paixão ao longo do tempo. "As pessoas estão com pressa de começar a viver suas vidas e isso é triste", diz ele para seus entrevistadores. "Não comecei querendo construir um grande império", explica ele. "Fiz planos para me tornar o melhor que eu pudesse ser naquilo que fazia."[4]

Em outro vídeo, William Morris, um renomado soprador de vidros que vive em Stanwood em Washington, leva um grupo de estudantes para a sua oficina adaptada no que antes era um celeiro, rodeada pela exuberante floresta do noroeste do Pacífico. Uma das estudantes reclama: "Eu tenho um monte de interesses, falta-me foco." Morris olha para ela e diz: "Você nunca terá certeza. Você não quer ter certeza."[5]

Essas entrevistas enfatizam um ponto importante: **carreiras fascinantes com frequência têm uma origem complexa que rejeita a simples ideia de que tudo o que você tem que fazer é seguir sua paixão.**

Essa observação talvez seja uma surpresa para muitos de nós que há algum tempo acreditávamos no charme da hipótese da paixão. Mas não seria uma surpresa para muitos cientistas que estudam as questões de satisfação no ambiente de trabalho usando rigorosas pesquisas revisadas por especialistas. Eles têm chegado a conclusões similares por décadas, mas até agora poucas pessoas da área de orientação profissional prestaram a devida atenção a elas. É para esses negligenciados esforços que voltarei sua atenção a seguir.

A Ciência da Paixão

Por que algumas pessoas gostam do que fazem e tantas outras não? De acordo com o resumo do guia de estudos CliffsNotes das pesquisas de ciência social nesta área, existem muitas razões complexas para ter satisfação no ambiente de trabalho, mas essa ideia simplista de combinar trabalho com uma paixão preexistente não está entre elas.

Para dar uma noção melhor das realidades descobertas por essa pesquisa, vamos ver a seguir as três conclusões mais interessantes que encontrei:

Conclusão 1: Paixões por Carreiras São Raras

Em 2002, uma equipe de pesquisa conduzida pelo psicólogo canadense Robert J. Vallerand aplicou um extenso questionário para um grupo de 539 estudantes universitários canadenses.[6] As pautas do questionário foram desenvolvidas para que duas importantes questões fossem respondidas: *Esses estudantes tinham paixões? E, se tinham, quais eram?*

No centro da hipótese da paixão está a suposição de que todos nós temos paixões preexistentes esperando para serem descobertas. Esse experimento colocou tal suposição em teste. Vejamos o que foi encontrado: 84% dos estudantes pesquisados tinham uma paixão. E isso soa como uma boa notícia para as pessoas que apoiam a hipótese da paixão até mergulharmos fundo nos detalhes dessas paixões. Aqui estão as cinco paixões mais identificadas: dança, hockey (eram estudantes canadenses, vejam só, um povo aficionado por esse esporte), esqui, leitura e natação. Embora fossem paixões verdadeiras, elas não têm muito a oferecer quando se trata de escolher um trabalho. Na verdade, menos de 4% do total das paixões identificadas tinham alguma relação com trabalho ou educação, os demais 96% relacionavam-se com coisas ligadas a hobbies, como esporte e arte.

Pare um momento para assimilar esse resultado, ele dá um golpe na hipótese da paixão. Como podemos seguir nossas paixões se não temos nenhuma paixão que seja relevante para seguir? De qualquer modo, a grande maioria desses estudantes canadenses precisarão de uma estratégia diferente para escolher suas carreiras.

Conclusão 2: Paixão Leva Tempo

Amy Wrzesniewski, professora de comportamento organizacional da Universidade de Yale, fez carreira estudando sobre o que as pessoas pensam sobre seus trabalhos. Seu artigo revolucionário, publicado no *Journal of Research in Personality* quando ainda estava na faculdade, explora as distinções entre um emprego, uma carreira e uma *vocação*.[7] Um emprego, na explicação de Wrzesniewski, é uma maneira de conseguir pagar as contas, uma carreira é um caminho em direção a um emprego cada vez melhor e uma vocação é um emprego, que é uma parte importante de sua vida e parte essencial de sua identidade.

Wrzesniewski avaliou profissionais de diversas áreas, desde médicos e programadores de computadores até pessoas que trabalham em escritórios e descobriu que a maioria das pessoas identifica fortemente seus empregos com uma dessas três categorias acima. Uma explicação possível para essas classificações diferentes é que algumas profissões são melhores que outras. A hipótese da paixão, por exemplo, prediz que profissões que combinam com paixões comuns, como ser médico ou professor, deveriam ter uma proporção maior de pessoas que vivenciam esses tipos de trabalhos como uma verdadeira vocação, enquanto profissões menos deslumbrantes — do tipo que ninguém sonha — não deveriam ter quase ninguém vivenciando-as como uma vocação. Então, para testar essa explicação, Wrzesniewski observou um grupo de funcionários em que todos tinham o *mesmo* cargo e praticamente as mesmas responsabilidades no trabalho: assistentes administrativos de faculdade. Ela descobriu, para sua própria surpresa, que esses funcionários estavam igualmente divididos entre ver seu cargo como um emprego, uma carreira ou uma vocação. Em outras palavras, parece que o tipo de trabalho, por si só, não necessariamente prediz o quanto as pessoas gostam dele.

Defensores da hipótese da paixão, no entanto, podem responder que um cargo como o de assistente administrativo de faculdade atrairá uma grande variedade de funcionários. Alguns podem querer o cargo porque têm uma paixão pelo ensino superior e amarão o trabalho, enquanto outros podem se deparar com o emprego por outras razões, talvez porque traga estabilidade e bons benefícios e, consequentemente, terão experiências menos exaltadas.

Mas Wrzesniewski não ficou por aí. Ela avaliou os assistentes para descobrir *o porquê* eles viam seus próprios empregos de formas tão diferentes e descobriu que o indicador mais forte para um assistente ver seu trabalho como vocação é o número de anos que ele trabalha. Em outras palavras, quanto mais experiência um assistente tiver, mais predisposto ele estará para amar seu trabalho.

Esse resultado dá outro golpe na hipótese da paixão. Nas pesquisas da Wrzesniewski, os funcionários mais apaixonados e felizes não são aqueles que seguiram suas paixões rumo a um cargo, em vez disso são aqueles que trabalham há tanto tempo em seus empregos e se tornaram bons no que fazem. Se pensarmos sobre isso, faz sentido.

Se você tem muitos anos de experiência, então teve muito tempo para melhorar o que faz e desenvolver um sentimento de eficácia. Algo que também lhe dá tempo para criar fortes relacionamentos com seus colegas de trabalho e ver muitos exemplos de como seu trabalho ajudou outras pessoas. O importante aqui, contudo, é que essa explicação, embora razoável, contradiz a hipótese da paixão, que enfatiza a felicidade imediata que vem da combinação do emprego com uma verdadeira paixão.

Conclusão 3: Paixão É um Efeito Colateral do Domínio

Logo no começo do popular TED talk do autor Daniel Pink, intitulado *On the Surprising Science of Motivation*, em que fala sobre seu livro *Drive*, ele diz à plateia que passou os últimos anos estudando a ciência da motivação humana. "E digo a vocês que não cheguei nem perto" confessa ele. "Se reparar bem, existe uma divergência entre o que a ciência sabe e o que os negócios sabem." Quando Pink fala "o que a ciência sabe", ele refere-se, em grande parte, a uma referência teórica que já completou 40 anos e é conhecida como Teoria da Autodeterminação [*Self-Determination Theory*], que possivelmente é a melhor interpretação que a ciência dispõe para explicar por que algumas atividades nos deixam empolgados enquanto outras nos deixam apáticos.[8]

Essa teoria nos diz que, para haver motivação no ambiente de trabalho ou em qualquer outro lugar, é preciso satisfazer três necessidades psicológicas básicas — fatores descritos como "nutrientes" obrigatórios para que você se sinta profundamente motivado pelo seu trabalho:

18   REGRA 1   Não Siga Sua Paixão

- **Autonomia**: é o sentimento de ter controle sobre seu dia e de saber que suas ações são importantes;
- **Competência**: é o sentimento de ser bom no que faz;
- **Afinidade**: é o sentimento de ter conexão com outras pessoas.

A última necessidade é a menos surpreendente: Ao se sentir próximo das pessoas com quem trabalha, você aprecia mais o seu trabalho. Mas são as duas primeiras que se mostram mais interessantes. É claro, por exemplo, que autonomia e competência estão relacionadas. Na maioria dos empregos, conforme nos tornamos melhores no que fazemos, não apenas sentimos a realização que se tem quando se é bom, mas também somos recompensados com um maior controle de nossas responsabilidades. Esses resultados ajudam a explicar as descobertas de Wrzesniewski: talvez uma das razões para que assistentes mais experientes gostassem de seus empregos seja o fato de que leva tempo para construir a competência e a autonomia que geram essa apreciação.

De interesse igual são as necessidades psicológicas básicas que a lista acima *não* inclui. Perceba, cientistas não descobriram que "combinar o trabalho com uma paixão preexistente" fosse algo importante para motivação. As características que *descobriram*, por outro lado, são mais gerais e agnósticas ao tipo específico do trabalho em questão. Competência e autonomia, por exemplo, são possíveis de serem alcançadas pela maioria das pessoas em uma grande variedade de profissões — partindo do princípio que elas estejam dispostas a colocar o esforço requerido para atingir o domínio. Essa mensagem não é tão inspiradora como "siga sua paixão e você imediatamente será feliz", mas é certamente um chamado da verdade. Ou seja, trabalhar direito supera encontrar o trabalho certo.

Capítulo Três

A Paixão é Perigosa

No qual eu defendo que endossar a hipótese da paixão pode deixá-lo menos feliz.

O Nascimento da Hipótese da Paixão

É difícil identificar com precisão o exato momento em que nossa sociedade começou a enfatizar a importância de seguir sua paixão, mas uma boa aproximação é a publicação de 1970: *De que Cor é o seu Paraquedas?* O autor, Richard Bolles, na época trabalhava para a igreja episcopal aconselhando pastores, muitos dos quais estavam correndo o risco de perder seus trabalhos. Richard publicou a primeira edição desse livro como um conjunto de dicas objetivas para aqueles que encaravam uma mudança na carreira. A tiragem original foi de 100 cópias.

A premissa do guia de Bolles parece evidente para ouvidos modernos: "[Descobrir] o que quer fazer... e, então, encontrar um lugar que precise de pessoas como você." Mas em 1970 essa era uma ideia radical. "[Na época], a ideia de fazer muitos exercícios escritos a fim de ter o controle da sua própria carreira era algo considerado como coisa de amadores", lembrou Bolles.[1] No entanto, o otimismo dessa mensagem pegou: *Você* pode controlar o que faz com sua vida, então por que não perseguir o que ama? Hoje, há mais de 6 milhões de cópias impressas do livro de Bolles. A partir da publicação deste livro, as décadas seguintes podem ser identificadas como os períodos em que houve um aumento na dedicação à hipótese da paixão. É possível visualizar essa mudança usando o Google Ngram Viewer. [conteúdo em inglês].[2] Essa ferramenta permite buscar em vastos arquivos de livros digitalizados no Google e ver com que frequência frases selecionadas aparecem em textos publicados ao longo do tempo. Se buscar "follow your passion" ["siga sua paixão", em tradução livre], verá um aumento no uso em 1970 (ano em que o livro de Bolles foi publicado), seguido por um uso alto e relativamente constante até 1990, quando a curva do gráfico oscila para cima. Nos anos 2000, a frase em inglês correspondente a "siga sua paixão" apareceu em publicações naquela língua com 3 vezes mais frequência do que nos anos 1970 e 1980.

O livro de Bolles, em outras palavras, ajudou a introduzir para a geração Baby Boomer essa visão da carreira centrada na paixão, uma lição que agora eles passaram para seus filhos, a geração Y, que elevou a paixão ao nível de uma obsessão. Essa nova geração tem "altas expectativas para o trabalho", explica Jeffey Arnett, um psicólogo conhecedor da mentalidade dos pós-graduados modernos. "Eles esperam que o trabalho não seja apenas um emprego, mas uma aventura, (...) um local para autodesenvolvimento e autoexpressão, (...) e que seja algo que proporcione uma combinação satisfatória com a avaliação que têm de seus talentos."[3]

Mesmo aceitando meu argumento de que a hipótese da paixão é falha, pode-se pensar: "Quem se importa!" Se a hipótese da paixão pode encorajar as pessoas, mesmo que um número pequeno delas, a deixarem um emprego ruim ou a fazerem experimentações com suas carreiras pode-se argumentar que só devido a isso ela já é útil. O fato de esse conto de fadas ocupacional ter se espalhado não deveria causar preocupações.

Eu discordo. Quanto mais eu estudava o assunto, mais percebia que a hipótese da paixão convence as pessoas de que em algum lugar há um emprego magicamente "certo" esperando por elas, e assim que elas o encontrarem certamente o reconhecerão como sendo o trabalho que *nasceram para fazer*. O problema, claro, está em quando elas falham em encontrar essa tal certeza e coisas ruins acontecem, como a mudança de emprego crônica ou a insegurança paralisante.

Nós podemos ver esse efeito nas estatísticas. Como já deixei claro, as últimas décadas foram marcadas por um constante comprometimento da ideia contagiante de Bolles. E, mesmo com todo esse foco concentrado em seguir nossas paixões e lutar pelo trabalho que amamos, *não estamos ficando mais felizes*. As pesquisas sobre satisfação no trabalho nos EUA, da Conference Board de 2010, mostraram que apenas 45% dos norte-americanos dizem estar satisfeitos com seus empregos. Esse número tem decaído constantemente da marca de 61%, registrada em 1987, o primeiro ano da pesquisa. Como percebeu Lynn Franco, diretor da Boards Consumer Research Center, não se trata apenas de um ciclo de negócios ruim: "Durante as últimas duas décadas, seja em períodos de boom econômico, seja em períodos recessivos, nossos números de satisfação no trabalho mostraram uma tendência consistente de queda." Entre os jovens, o grupo talvez mais preocupado com o papel do trabalho em suas vidas, 64% dizem agora estar efetivamente infelizes em seus empregos. Esse é o nível mais alto de insatisfação já medido em qualquer faixa etária no decorrer das duas décadas da história da pesquisa.[4] Ou seja, nosso experimento intergeracional com o plano de carreira centrado na paixão pode ser considerado um fracasso. Quanto mais nos concentramos em amar o que fazemos, menos o amamos.

Claro que essas estatísticas não nos fornecem uma explicação cabal, já que outros fatores também desempenham um papel na diminuição da felicidade no ambiente de trabalho. Para desenvolver um entendimento mais profundo dessa inquietude, podemos nos voltar a indícios circunstanciais. Considere o livro de 2001, *Quarterlife Crisis: The Unique Challenges of Life in Your Twenties*, de Alexandra Robbins e Abby Wilner, uma ode sobre a insatisfação dos jovens. Esse livro relata depoimentos pessoais da infelicidade de muitos jovens de vinte e poucos anos que se sentem à deriva no mundo do trabalho. Veja, por exemplo, a narrativa de Scott, um rapaz de 27 anos de idade, de Washington, D.C.

Ele diz: "Minha atual situação profissional não poderia ser mais perfeita. Escolhi seguir a carreira pela qual eu sabia que era realmente apaixonado: política... Eu amo meu escritório, meus amigos... e até meu chefe." Porém, a glamorosa promessa da hipótese da paixão levou Scot a questionar se seu trabalho perfeito era perfeito o suficiente. "Não me sinto completamente satisfeito." Ele se preocupa quando pensa que seu trabalho, como todos, inclui responsabilidades difíceis. A partir daí ele recomeçou a busca pelo trabalho de sua vida. "Eu me comprometi comigo mesmo a explorar outras opções que me interessassem", afirmou Scott. "Mas, na verdade, estou tendo dificuldades para pensar em uma carreira que pareça atraente."

"Eu me formei na faculdade querendo nada menos do que o melhor emprego para mim", disse Jill, outro perfil de um jovem em Quarterlife Crisis. Não surpreende que Jill fracassou em tudo que tentou para alcançar essa meta tão alta.

"Eu estou tão perdida sobre o que quero fazer", diz sem esperança Elaine, de 25 anos, "que nem sequer percebo o que estou sacrificando".[5]

E assim por diante. Todas essas histórias, que são cada vez mais comuns em todas as idades, desde estudantes de faculdade até a meia-idade, apontam para a mesma conclusão: **A hipótese da paixão não é apenas errada, também é perigosa.** Dizer para alguém "seguir sua paixão" não é apenas um ato de otimismo inocente, mas potencialmente é a base para uma carreira confusa e inquieta.

Além da Paixão

Antes de continuar, devo enfatizar um detalhe óbvio: Para algumas pessoas, seguir sua paixão funciona. Os arquivos da Roadtrip Nation, por exemplo, incluem uma entrevista com o crítico de filmes da revista *Rolling Stone*, Peter Travers, que afirma que ainda criança costumava levar cadernos para as salas de cinema para registrar seus pensamentos.[6] O poder da paixão é ainda mais comum quando você olha para as carreiras de pessoas talentosas, tais como os atletas profissionais. Você teria dificuldades para encontrar um jogador de beisebol profissional que não afirme que é apaixonado pelo esporte desde sempre.

Algumas pessoas com quem conversei sobre minhas ideias deram esses tipos de exemplos para rejeitar minhas conclusões sobre paixão. "Mas veja esse caso em que uma pessoa seguiu com sucesso sua paixão", disseram elas. "Então 'seguir sua paixão' deve ser um bom conselho". Essa é uma lógica falsa. Observar alguns exemplos de uma estratégia que funciona não a torna universalmente eficaz. Em vez disso, é necessário estudar um número maior de exemplos e perguntar qual funciona para a grande maioria dos casos. E, quando você estuda um grande grupo de pessoas que são apaixonadas pelo que fazem, como eu fiz na pesquisa para este livro, descobrirá que a maioria — *não todas* — lhe contará uma história mais complexa do que simplesmente a de que identificou uma paixão preexistente e depois começou a persegui-la. Exemplos como o de Peter Travers e atletas profissionais são exceções. Na verdade, a raridade desses exemplos ressalta minha afirmação que para *a maioria das pessoas*, "seguir sua paixão" trata-se de um mau conselho.

Essa conclusão leva a uma importante pergunta subsequente: Sem a hipótese da paixão para nos guiar, o que deveríamos fazer? Essa é a pergunta a que me dedico nas três regras a seguir. Essas regras descrevem minha busca em descobrir como as pessoas *realmente* acabam amando o que fazem. Elas representam uma mudança no tom digno de um argumento de advogado usado aqui e entram em algo mais pessoal: evidências de minhas tentativas de capturar a complexidade e a ambiguidade de meus encontros real felicidade no ambiente de trabalho. Retirado o emaranhado que envolvia a hipótese da paixão, podemos agora trazer à luz um conjunto mais realista de aconselhamentos de carreira que há tanto tempo vem sendo deixado de lado. Este é um processo que começa na próxima regra com a minha chegada a uma fonte incomum de inspiração: um grupo de músicos de *bluegrass* que tocam nos subúrbios de Boston.

Regra 2

Seja Tão Bom que Eles Não Poderão Ignorar Você

(Ou a Importância da Habilidade)

Capítulo Quatro

A Clareza do Artesão

*Na qual eu apresento duas abordagens diferentes para pensar sobre o trabalho: a **mentalidade do artesão**, que concentra-se nos valores que você produz em seu trabalho, e a **mentalidade da paixão**, que concentra-se nos valores que seu trabalho lhe oferece. A maioria das pessoas adota a mentalidade da paixão, mas neste capítulo eu defendo que a mentalidade do artesão é a base para criar o trabalho que você ama.*

No Andar de Cima da *Bluegrass Frat House*

Quando virei pela primeira vez a esquina da Mapleton Street, a velha casa vitoriana se misturava com as outras casas da vizinhança daquele subúrbio. Apenas quando cheguei mais perto é que notei suas excentricidades. A pintura estava descascando. Havia um par de poltronas de couro do lado de fora da varanda. Garrafas vazias de Budweiser jogadas no chão.

Jordan Tice, um violonista profissional do estilo New Acoustic, estava parado à porta fumando um cigarro. Ele me convidou para entrar. Conforme o seguia dentro da casa, notei que uma pequena sala de espera que ficava na entrada tinha sido convertida em um quarto. "O tocador de banjo que dorme aí tem doutorado pelo MIT", Jordan me disse: "Você gostará dele."

Jordan é um dos muitos músicos que vira e mexe alugam os quartos, apertando-se em qualquer espaço habitável da casa. "Bem-vindo à *bluegrass frat house*", disse ele ao chegarmos no segundo andar onde mora. O quarto de Jordan é monástico. Menor do que qualquer quarto que eu tive na faculdade, mas cabe uma cama de solteiro e uma mesa de compensado simples. Um amplificador Fender fica em um dos cantos da parede e uma mala de rodinhas no outro. Eu achei que a maioria dos violões dele estava no andar de baixo, na área comum onde o pessoal tocava, já que em seu quarto vi apenas um violão Martin surrado. Tivemos que pegar emprestada uma cadeira do outro quarto para que pudéssemos ter os dois no que sentar.

Jordan tem 24 anos. No mundo tradicional do trabalho isso é ter pouca idade, porém, quando consideramos que ele assinou seu primeiro contrato ainda no ensino médio, fica claro que, no mundo da música acústica, Jordan não é nenhum novato. Ele também é muito modesto. Uma das avaliações de seu terceiro álbum, *Long Story*, começa assim: "A música sempre teve seus prodígios, desde Mozart até hoje."[1] Esse é o tipo de elogio que Jordan odiaria que eu escrevesse aqui. Quando perguntei por que Gary Ferguson, um famoso artista de *bluegrass* [estilo de música country] escolheu Jordan para fazer uma turnê com ele aos 16 anos, ele gaguejou, antes de ficar em silêncio.

"É algo muito legal", eu insisti. "Ele o escolheu para ser seu guitarrista. E podia ter escolhido entre tantos outros, mas escolheu um menino de 16 anos".

"Isso não me deixou arrogante", finalmente ele respondeu.

Aqui está o que deixa Jordan empolgado: sua música. Quando lhe perguntei "no que você está trabalhando hoje?", seus olhos brilharam enquanto ele agarrava um livro de composição sobre a mesa. Havia ali cinco linhas de música escritas a lápis bem fraquinho — sequências densas de semínimas subindo e descendo uma oitava entremeadas com uma explicação ocasional manuscrita. "Estou meio que trabalhando em uma nova música", explicou ele, "e será bem rápida".

Jordan pegou o violão Martin para tocar sua nova música. Ela tinha a batida vigorosa do *bluegrass*, mas a melodia, inspirada em uma composição de Debussy, alegremente ignorava o gênero. Quando tocava, Jordan olhava além do braço do violão e respirava de maneira ofegante. Em determinado momento ele perdeu uma nota, o que o deixou decepcionado. Ele retomou e começou novamente, insistindo em tocar até terminar toda a sequência sem nenhum erro.

Eu disse a ele que estava impressionado com a rapidez dos *licks* [pequenos trechos de solo de violão ou guitarra]. "Não, isso é devagar", respondeu ele. E, então, me mostrou o ritmo que estava trabalhando: pelo menos duas vezes mais rápido. "Eu não posso fazer a trilha principal, ainda", desculpou-se ele depois que perdeu algumas notas. "Acho que *poderia* fazê-la, mas ainda não consigo fazer as notas surgirem do jeito que eu quero." Ele me mostrou como as notas sucessivas no tema musical tendiam a incluir muitas cordas do violão, complicando o dedilhado rápido. "É muito aberto."

A meu pedido, Jordan demonstrou como é seu sistema de prática para aquela música. Ele começa tocando devagar o bastante a ponto de conseguir os efeitos que deseja: quer que as notas principais da melodia soem enquanto ele preenche o espaço intermediário subindo e descendo a escala. E, então, ele adiciona velocidade — de um jeito que ele quase não consegue fazer as coisas funcionarem. E ele repete esse processo de novo e de novo. "É um exercício mental e físico", me explicou. "Você fica tentando acompanhar diferentes melodias e coisas assim. Em um piano tudo está exposto claramente à sua frente: dez dedos nunca estão no caminho um do outro. No violão você tem que administrar seus dedos".

Ele chamou o trabalho dele nesta música de seu "foco técnico" do momento. Em um dia típico, se não estiver se preparando para um show, ele praticará com a mesma intensidade, sempre tocando um pouco mais rápido do que está acostumado, por duas ou três horas direto. Eu lhe perguntei quanto tempo levava para finalmente dominar uma nova habilidade. "Eu acho que provavelmente um mês", ele respondeu. E, então, tocou aquele trecho mais uma vez.

A Mentalidade do Artesão

Deixe-me esclarecer uma coisa: eu realmente não me importo se Jordan Tice ama o que faz. Também não me importo com o motivo que o levou a tornar-se um músico, ou se ele vê como sua "paixão" tocar violão. Os caminhos de uma carreira musical são peculiares, com frequência baseados em circunstâncias incomuns e golpes de sorte no começo da carreira. (O fato dos pais de Jordan serem músicos de *bluegrass*, por exemplo, obviamente teve um papel importante para sua dedicação inicial ao violão.) Por causa disso, nunca achei que as histórias da origem das carreiras artísticas fossem tão importantes para nós. O que me interessa sobre Jordan é como ele aborda seu trabalho diariamente. Eu descobri que é aí que está, escondida, uma ideia de grande valor para minha busca pelo trabalho que amo.

O caminho que me levou até Jordan e ao insight que ele representa começou com um episódio de 2007 do programa *Charlie Rose*. Rose estava entrevistando o ator e comediante Steve Martin sobre seu livro de memórias *Born Standing Up*.[2] Eles conversavam sobre as realidades da ascensão de Steve Martin. "Em geral, eu leio autobiografias", disse Steve Martin. "[E com frequência fico frustrado] e digo, 'Você deixou de fora aquela parte sobre como conseguiu a audição para aquele negócio e agora está trabalhando no Copa. Como isso aconteceu?'" Martin escreveu seu livro para responder às perguntas "como", pelo menos no que diz respeito ao próprio sucesso em stand-ups. Foi nessa explicação sobre "como" que Martin apresentou uma ideia simples que me desconcertou quando a ouvi pela primeira vez. A citação veio nos últimos cinco minutos da entrevista, quando Charlie Rose perguntou a Steve Martin qual seria seu conselho para os artistas que desejavam ser bem-sucedidos na carreira.

"Ninguém nunca toma nota dos [meus conselhos], porque não são as respostas que eles querem ouvir", disse Steve Martin. "O que eles querem ouvir é 'Aqui está como você consegue um agente, aqui está como você escreve um roteiro', mas eu sempre digo: **'Seja tão bom que eles não poderão ignorar você.'"**

Em resposta ao resmungo ambíguo típico de Charlie Rose, Steve Martin defendeu seu conselho: "Se alguém estiver pensando 'Como eu posso me tornar realmente bom?', as pessoas virão até você".

34 **REGRA 2** Seja Tão Bom que Eles Não Poderão Ignorar Você

Essa foi exatamente a filosofia que projetou Steve Martin ao estrelato. Ele tinha apenas 27 anos quando decidiu inovar sua carreira para algo bom demais para ser ignorado. "Comédia naquela época era toda roteirizada e com um ponto alto no final... o comediante clichê de boate", explicou Steve Martin a Rose.[3] Ele pensou que poderia tornar isso mais sofisticado. Veja como Steve Martin explicou sua evolução em um artigo publicado na mesma época de sua entrevista com Charlie Rose: "E se não houvesse mais pontos altos na piada? E se não houvesse nenhum indicador? E se eu criasse tensão e nunca a liberasse? E se eu fosse em direção a um clímax, mas tudo o que eu entregasse fosse um anticlímax?"[4] Em uma famosa cena, Martin diz ao público que é hora de sua famosa rotina de colocar o nariz no microfone. Então ele se inclina e coloca o nariz no microfone por vários segundos, se afasta, faz uma grande reverência, e com seriedade agradece à multidão. "Até então ninguém riu", ele explica, "riram depois que perceberam que eu já tinha partido para a próxima cena".

Levou dez anos, pela estimativa do próprio Steve Martin, para seu show dar certo, mas, quando deu, ele se tornou um grande sucesso. No relato de Steve Martin fica claro que não houve nenhum atalho para sua fama atual. "[Com o tempo] você tem tanta experiência [no que faz] que desenvolve confiança", explicou Steve Martin. "Eu acho que o público percebe isso."

Seja tão bom que eles não poderão ignorar você. Quando ouvi esse conselho pela primeira vez, estava assistindo à entrevista de Steve Martin online. Era o inverno de 2008 e eu estava me aproximando do último ano da pós-graduação. Na época, eu tinha começado um blog chamado Study Hacks, que foi inspirado em meus dois guias de orientação para estudantes que eu havia publicado, e tinha principalmente dicas para alunos de graduação. Logo depois de ouvir o ensinamento de Martin, coloquei no blog a ideia dele.[5] "Claro, é assustador", concluí. "Porém, mais que isso, eu a achei libertadora."

À medida que minha carreira como estudante de pós-graduação terminava, fui me tornando obcecado por minha estratégia de pesquisa — uma obsessão que foi manifestada no trabalho e retrabalho contínuo da descrição da minha atividade em meu site. Era um processo frustrante. Eu sentia que estava me esforçando para convencer o mundo que meu trabalho era interessante, embora ninguém ligasse. O ensinamento de Steve Martin me deu uma folga dessa autopromoção. "Pare de se preocupar com os pequenos detalhes", disse ele. "Em vez disso, preocupe-se em tornar-se o melhor." Inspirado, eu desviei a atenção de meu site e a direcionei para um hábito que mantenho até hoje: Eu anoto quantas horas por mês passo me dedicando a pensamentos sobre problemas de pesquisas (por exemplo, no mês que escrevi este capítulo dediquei 42 horas para esse tipo de tarefa básica).

Essa estratégia de medir o tempo me ajudou a voltar a atenção, acima de tudo, para a qualidade do que produzo. Mas, ao mesmo tempo, ela também parecia ser algo suplementar, como se eu ainda não tivesse compreendido todas as implicações da ideia radical de Steve Martin. Quando mais tarde iniciei minha busca para descobrir como as pessoas acabam amando seus trabalhos, não levou muito tempo para que eu retornasse ao conselho de Martin. Intuitivamente, compreendi que aquele conselho desempenhou um papel importante na construção de uma carreira incrível. E foi isso que me levou a Jordan Tice: se eu realmente queria compreender esse ensinamento, imaginei que precisava entender as pessoas que vivem suas vidas por meio dele.

REGRA 2 Seja Tão Bom que Eles Não Poderão Ignorar Você

Ao ouvir Tice falar sobre sua rotina, fiquei impressionado com como seu foco assemelha-se ao de Steve Martin. Como deve se lembrar, Tice é feliz por passar horas todos os dias, semana após semana, em um quarto monástico quase sem móveis, exaurindo-se em busca de uma nova técnica de dedilhamento em bemol, tudo porque ele acha que isso adicionará algo importante na música que está compondo. Eu percebi que essa dedicação à produtividade também explica sua dolorosa modéstia. Para Jordan Tice, arrogância não faz sentido. "Sabe o que eu respeito? Criar algo significativo e, então, apresentá-lo ao mundo", explicou ele.

Inspirado por ter encontrado Jordan, eu entrei em contato com Mark Casstevens para obter a perspectiva de um veterano sarcástico sobre a mentalidade do artista. Mark é um músico de estúdio de Nashville que com certeza ganhou reconhecimento: ele tocou em 99 dos hits musicais da Billboard. Quando falei sobre Jordan, Mark concordou que foco obsessivo na qualidade do que está produzindo é a regra da música profissional. "Isso supera sua aparência, seus equipamentos, sua personalidade e suas relações", explicou ele. Músicos de estúdio têm esse princípio: 'A gravação não mente.' Imediatamente após a gravação vem sua reprodução; sua habilidade não tem onde se esconder."

Gostei dessa frase — a gravação não mente — já que ela resume bem o que motiva artistas como Jordan, Mark e Steve Martin. Se não está centrado em ser tão bom que eles não podem ignorar você, você será deixado para trás. Essa objetividade foi revigorante.

Para simplificar as coisas daqui pra frente, chamarei essa abordagem centrada na produção de **mentalidade do artesão**. Minha meta na Regra 2 é convencê-lo de uma ideia que se tornou clara para mim conforme eu passava mais tempo estudando artistas como Jordan Tice. Independentemente do tipo de trabalho que faça, a mentalidade do artesão é *crucial* para a construção de uma carreira que ame. No entanto, antes de seguirmos adiante, quero um momento para contrastar essa mentalidade com a maneira como a maioria de nós costuma pensar sobre nossos meios de vida.

A Mentalidade da Paixão

"[As pessoas] prosperam quando se concentram na questão de quem elas realmente são — e conectam isso ao trabalho que verdadeiramente amam".[6] Po Bronson escreveu isso em um manifesto de 2002 publicado na *Fast Company*. Isso devia parecer familiar, pois é exatamente o tipo de conselho que você daria, caso endossasse a hipótese da paixão, que eu desmascarei na Regra 1. Com isso em mente, chamaremos a abordagem de trabalho apoiada por Bronson de **mentalidade da paixão**. Enquanto a mentalidade do artesão concentra-se *no que você oferece ao mundo*, a mentalidade da paixão concentra-se *no que o mundo oferece a você*. É com essa mentalidade que a maioria das pessoas aborda sua vida profissional.

Existem dois motivos pelos quais não gosto da mentalidade da paixão (além de ela ser baseada em uma premissa falsa, como já argumentei na Regra 1). Primeiro, quando você se dedica apenas àquilo que seu trabalho lhe oferece, isso faz com que tenha consciência do que *não* gosta nele, levando a uma infelicidade crônica. E isso é especialmente verdadeiro para cargos de entrada nas profissões, cujas descrições de função, por definição, não incluirão projetos desafiadores e autonomia — pois isso vem com tempo.

38   **REGRA 2**   Seja Tão Bom que Eles Não Poderão Ignorar Você

Quando você entra no mercado de trabalho com a mentalidade da paixão, as tarefas irritantes, as quais é designado a fazer, ou as frustrações burocráticas de uma empresa se tornarão muito mais difíceis de lidar.

Segundo e mais importante, as questões profundas que conduzem a mentalidade da paixão — "Quem sou eu?" e "O que eu amo de verdade?" — são basicamente impossíveis de validar. "Isso é o que realmente sou?" e "Eu amo isso?", raramente se reduzem a respostas claras do tipo sim ou não. Ou seja, é quase uma garantia que a mentalidade da paixão irá mantê-lo perpetuamente infeliz e confuso, o que possivelmente explica porque Bronson admitiu, não muito tempo depois, no seu livro épico de carreira *O Que Devo Fazer da Minha Vida?*, que "a única sensação que todos experimentaram neste livro é a de não aproveitar a vida".[7]

Adotando a Mentalidade do Artesão

Para resumir, apresentei duas maneiras diferentes de como as pessoas pensam sobre suas vidas profissionais. A primeira é a *mentalidade do artesão*, que enfatiza o que você pode oferecer ao mundo. A segunda, a *mentalidade da paixão*, enfatiza o que o mundo pode oferecer a você. A mentalidade do artesão oferece clareza, enquanto a mentalidade da paixão oferece um atoleiro de perguntas ambíguas e sem respostas. Como concluí após encontrar Jordan Tice, há algo de libertador sobre a mentalidade do artesão: ela pede que você deixe para trás preocupações egoístas sobre se seu emprego é "o certo", e que esfrie sua cabeça e trabalhe para ter um emprego realmente bom. E complementa: ninguém lhe deve uma grande carreira, é preciso conquistá-la — e o processo não será fácil.

Com isso em mente, é natural invejar a objetividade de artistas como Jordan Tice. Mas eis o principal argumento da Regra 2: você não deve invejar a mentalidade do artesão, deve *imitá-la*. Ou seja, estou sugerindo deixar de lado a questão sobre seu trabalho ser ou não sua verdadeira paixão, e em vez disso voltar o foco na direção de tornar-se tão bom que eles não poderão ignorar você. Isso é, independentemente do que você faz para ganhar a vida, encare seu trabalho como um artista de verdade.

Essa mudança na mentalidade resultou em um avanço empolgante em minha própria busca. Porém, como descobri, isso é mais fácil para uns do que para outros. Quando comecei a explorar a mentalidade do artesão em meu blog, alguns leitores ficaram apreensivos. Percebi que eles começaram a concentrar-se em um contra-argumento comum, que devo abordar antes de continuarmos. Aqui está a opinião de um dos leitores:

> *Tice está disposto a produzir com esforço, durante longas horas e com pouco reconhecimento, porque ele faz algo pelo qual está apaixonado há muito tempo. Ele encontrou o emprego que é certo para ele.*

Ouvi essa reação tantas vezes que até lhe dei um nome: "o argumento da paixão preexistente". Ele se apoia na ideia de que a mentalidade do artesão é apenas viável para aqueles que já são apaixonados por seus trabalhos e, portanto, não pode ser apresentada como alternativa para a mentalidade da paixão.

Eu não caio nessa.

Primeiro, deixaremos de lado a ideia de que artistas como Jordan Tice ou Steve Martin estão perfeitamente seguros em seu conhecimento de que já que encontraram suas verdadeiras vocações. Se passar algum tempo com artistas profissionais, especialmente aqueles que estão começando, uma das primeiras coisas que notará é a insegurança que eles têm sobre seu meio de vida. Jordan tinha um nome para as preocupações sobre o que seus amigos estão fazendo com suas vidas e se as realizações deles são semelhantemente favoráveis: "A nuvem das distrações externas."

Lutar contra a nuvem das distrações externas é uma batalha permanente. Dentro desse espírito, Steve Martin, ao longo de uma década dedicada a melhorar sua prática, estava tão inseguro que regularmente sofria de ataques de ansiedade paralisantes. A origem da mentalidade do artesão nesses artistas não é uma paixão interna inquestionável, em vez disso é algo mais pragmático: É o que funciona no mundo do entretenimento. Como Mark Casstevens observou: "A gravação nunca mente", se você é um violonista, guitarrista ou comediante, o que produz é basicamente tudo o que importa. Se passar muito tempo pensando se encontrou ou não sua verdadeira vocação, essa pergunta se tornará irrelevante quando se ver sem trabalho.

Segundo, e mais fundamental, eu realmente não me importo por qual motivo os artistas adotam a mentalidade do artesão. Como mencionei antes, seus mundos são idiossincráticos, e o que os deixa motivados não pode ser generalizado. A razão pela qual foquei a história de Jordan é que eu queria que você visse como se parece a mentalidade do artesão em ação. Ou seja, esqueça *o porquê* Jordan adotou essa mentalidade, e em vez disso perceba *como* ele a aplica. No próximo capítulo, argumentarei que, **independentemente de como se sinta em seu emprego neste momento, adotar a mentalidade do artesão será a base para a construção de**

uma carreira incrível. É por isso que não aceito o "argumento da paixão preexistente", porque é um retrocesso. Na realidade, como mostrarei, primeiro adote a mentalidade do artesão e *depois* a paixão virá.

Capítulo Cinco

O Poder do Capital de Carreira

*No qual justifico a importância da mentalidade do artesão argumentando que as características que tornam um trabalho algo notável são raras e valiosas e, portanto, se quer ter um trabalho notável, precisa desenvolver habilidades raras e valiosas — que eu chamo de **capital de carreira** — para oferecer em troca.*

A Economia dos Empregos Notáveis

No último capítulo apresentei um propósito audacioso: se quer amar o que faz, abandone a *mentalidade da paixão* ("o que o mundo pode me oferecer?") e adote a *mentalidade do artesão* ("o que posso oferecer para o mundo?").

Meu argumento para essa estratégia começa com uma pergunta simples: O que faz um trabalho ser algo notável? Ser específico ajuda a explorar essa questão. Na Regra 1, mostrei vários exemplos de pessoas que tinham ótimos empregos e que amam (ou amavam) o que fazem — então podemos começar a partir daqui. Dentre eles, apresentei o fundador da Apple, Steve Jobs, o radialista Ira Glass e

Al Merrick, um especialista em modelar pranchas de surf. Usando esse trio como nosso exemplo recorrente, posso agora perguntar o que há nessas três carreiras que as tornam tão incríveis? Veja as respostas que sugiro:

Características que Definem um Trabalho Notável

- **Criatividade:** Ira Glass, por exemplo, está ampliando as fronteiras do rádio e ganhando muitos prêmios nesse processo.
- **Impacto:** Desde o Apple II até o iPhone, Steve Jobs vem mudando a maneira como vivemos nossas vidas na era digital.
- **Controle:** Ninguém diz a Al Merrick a que horas acordar ou o que vestir. Ninguém espera que ele chegue entre 9h da manhã e 17h da tarde no escritório. Em vez disso, sua fábrica de pranchas de surf em Channel Island está localizada a uma quadra da praia de Santa Bárbara, onde Merrick regularmente passa um tempo surfando. (Jake Burton Carpenter, fundador da Burton Snowboards, por exemplo, lembra que as negociações para a fusão das duas empresas aconteceram enquanto ele e Merrick esperavam por ondas para surfar.)

Essa lista não inclui todos os fatores, mas, se considerar suas próprias fantasias de um emprego dos sonhos, provavelmente perceberá algumas combinações dessas características. Agora podemos avançar para a pergunta que realmente importa: Como conseguimos essas características em nossa vida profissional? Uma das primeiras coisas que percebi quando comecei a estudar essa pergunta é que tais características são *raras*. A maioria dos empregos não oferece aos funcionários condições amplas para exercitar a criatividade, causar impacto ou proporcionar o autocontrole sobre o que eles fazem e como fazem. Por exemplo, se for um recém-formado em um emprego de início de carreira, o mais provável é que lhe digam: "mude o bebedouro de lugar" do que "mude o mundo".

Por definição, também sabemos que essas características são *valiosas* — pois são a chave para tornar um emprego algo notável. Mas agora adentraremos em um território já bem trilhado. A teoria econômica básica nos diz que, se quiser algo que seja raro e valioso, precisa de algo raro e valioso para dar em troca. Essa é a lei da oferta e da procura. Conclui-se que, caso você queira um grande emprego, precisa oferecer em troca um grande valor. Se isso é verdadeiro, teríamos visto acontecer nas histórias do nosso trio de exemplos — e nós vimos. Agora que já sabemos o que devemos procurar, essa interpretação transacional do que é uma carreira incrível se torna repentinamente bem visível.

Pense em Steve Jobs. Quando Jobs entrou na loja de Paul Terrel, a Byte Shop, ele estava levando algo que era literalmente raro e de valor: uma placa de circuito para o Apple I, um dos computadores pessoais mais avançados em um mercado que era novo naquela época. O dinheiro obtido na venda de 100 unidades daquela placa de um design original deu a Jobs mais controle em sua carreira, mas, em termos de economia clássica, para dar características mais valiosas em sua vida profissional era necessário aumentar o valor do que ele tinha a oferecer. Foi nesse momento que a ascensão de Jobs começou a acelerar. Ele fez um financiamento com Mark Markkula de US$250 mil e trabalhou com Steve Wozniak para produzir um novo design de computador que era

46   **REGRA 2**   Seja Tão Bom que Eles Não Poderão Ignorar Você

claramente bom demais para ser ignorado. Havia outros engenheiros na cultura do Homebrew Computer Club na área da baía de São Francisco que poderiam ter a combinação das habilidades técnicas de Jobs e Wozniak, mas Jobs teve a ideia de investir e focar essa energia técnica na direção da produção de um produto completo. O resultado foi o Apple II, uma máquina que desbancou a concorrência. Ela tinha gráficos coloridos, o monitor e o teclado eram integrados ao gabinete, e a estrutura era aberta, permitindo uma expansão rápida de memória e dos periféricos (tais como o disquete, que se popularizou no mercado graças ao Apple II). Esse foi o produto que colocou a empresa no mapa e levou Jobs de um pequeno empreendedor para o comando de uma empresa visionária. Ele produziu algo de grande valor e em troca sua carreira recebeu uma injeção de criatividade, impacto e controle.

O locutor de rádio Ira Glass teve a oportunidade de criar seu programa de rádio *This American Life*, definidor de um gênero, apenas depois que ele provou ser um dos melhores produtores e apresentadores de rádio. Glass começou como estagiário e, então, passou a ser editor de segmento para o programa *All Things Considered*. Existem muitos jovens que começam do mesmo modo de Glass, conseguindo um estágio na estação de rádio local e avançando para um cargo de produção de iniciante. Glass, contudo, começou a se destacar de seu grupo quando voltou sua atenção em tornar suas habilidades mais raras e valiosas. A precisão de sua edição de segmentos depois lhe deu a oportunidade de apresentar alguns de seus próprios segmentos na rádio. E, embora Glass tenha a característica de zombar de tudo o que é sagrado sobre como uma personalidade do rádio deva se parecer, ele começou a ganhar prêmios por seus segmentos. É possível que um talento natural latente por editar tenha tido um papel importante nesse caso, mas, conforme vimos na Regra 1, Glass enfatiza a importância de trabalhar duro para que as habilidades sejam desenvolvidas. "Todos nós que fazemos trabalho criativo... nos envolvemos no trabalho e surge algo como uma 'lacuna'. O que você está fazendo não é bom, ok? Está tentando ser bom, mas... não é algo grandioso", ele explicou em uma entrevista sobre sua carreira.[1] "O segredo é se esforçar no trabalho, forçar as habilidades a aparecerem e esta é a fase mais difícil", explicou ele em detalhes em sua sessão do *Roadtrip Nation*. Ou seja, essa não é a história de um prodígio que entrou em uma estação de rádio depois de graduado e saiu com um programa. Quanto mais você lê sobre Glass, mais tem contato com um jovem que foi levado a desenvolver suas habilidades até que elas se tornassem valiosas demais para serem ignoradas.

A estratégia funcionou. Após o sucesso de seus segmentos curtos para o *All Things Considered*, Glass foi convidado para ser coapresentador de uma série de programas locais diferentes produzidos pela estação de rádio WBEZ de Chicago, aumentando mais ainda o valor de suas habilidades. Em 1995, quando o gerente da estação de rádio da WBEZ decidiu montar um programa de formato livre com olho na distribuição nacional — um programa chamado *This American Life* — Glass estava no topo de sua lista. Hoje a carreira de Glass é rica em criatividade, impacto e controle, mas, quando lemos a história dele, as nuances econômicas são inconfundíveis. Glass trocou uma coleção de habilidades valiosas, raras e conseguidas com esforço por um trabalho fantástico.

Com Al Merrick, não surpreendentemente, temos o mesmo estilo de história. As habilidades valiosas e raras que lançaram a carreira de Merrick como modelador profissional de pranchas de surf são evidentes: suas pranchas ganhavam as competições. O que é importante perceber é que nem sempre foi assim. Merrick aprendeu sobre o ofício de modelagem de fibra de vidro durante seus anos como construtor de barcos, e o que ele sabia sobre surfar vinha do próprio relacionamento com o esporte, que às vezes praticava, às vezes não, mas teve que trabalhar arduamente para que suas habilidades em fazer pranchas tivessem valor. "[Para começar,] muitas vezes você tem medo de falhar, e de que o cara para quem está fazendo a prancha e que é campeão mundial não ganhe por não estar usando a prancha certa", lembrou ele em sua sessão da *Roadtrip Nation*. "Isso me faz trabalhar duro e tentar ir ainda mais longe no que quero fazer com as pranchas de surf". Ter um escritório a um quarteirão da praia, com a liberdade de poder surfar quando quiser, parece legal, mas não é o tipo de emprego que é entregue de mãos beijadas. Para consegui-lo, Merrick percebeu que precisava de uma habilidade rara e valiosa para oferecer em troca. Uma vez que surfistas profissionais como Kelly Slater surfaram com suas pranchas — e ganharam — ele ficou livre para determinar os termos de sua vida profissional.

O *Poder do Capital de Carreira* 49

Aqui estão as principais linhas de meu argumento:

A Teoria do Capital de Carreira de um Trabalho Notável

- As características que definem um trabalho notável são raras e valiosas;
- A oferta e procura diz que, se você quer essas características, precisa de habilidades raras e valiosas para oferecer em troca. Pense nessas habilidades como seu **capital de carreira**;
- A mentalidade do artesão, com foco constante em tornar-se "tão bom que eles não poderão ignorar você", é uma estratégia adequada para adquirir o capital de carreira. E é por isso que supera a mentalidade da paixão quando seu objetivo é criar um trabalho que você ama.

Jobs, Glass e Merrick adotaram a mentalidade do artesão. (E alguns deles usam essas mesmas palavras para se descreverem. "Eu fui um artesão", disse Merrick em uma entrevista em seus primeiros anos como modelador de prancha.[2]) A teoria do capital de carreira nos diz que isso não se trata de mera coincidência. As características que definem um trabalho notável requerem que você tenha algo raro e de valor para dar em troca — habilidades que eu chamo de capital de carreira. A mentalidade do artesão, com foco contínuo no que você produz, é *exatamente* a mentalidade que deveria adotar caso sua meta seja adquirir o máximo de capital de carreira possível. Enfim, esse é o motivo pelo qual eu promovo a mentalidade do artesão em vez da mentalidade da paixão. Esta não é uma discussão filosófica sobre a existência da paixão ou sobre o valor de trabalhar duro — eu estou sendo intensamente pragmático: você precisa ser bom para conseguir coisas boas em sua vida profissional e a mentalidade do artesão é focada exatamente em alcançar essa meta.

Devo avisar, entretanto, que existe um lado mais sombrio na mentalidade da paixão. Ela não é apenas ineficaz na criação do trabalho que você ama. Em muitos casos, a mentalidade da paixão pode funcionar ativamente contra esse objetivo, às vezes com consequências devastadoras.

Da Coragem ao Auxílio Alimentação

Dois artigos, publicados com diferença de dois dias entre eles no *New York Times* no verão de 2009, enfatizam o contraste entre a mentalidade da paixão e a mentalidade do artesão. O primeiro artigo falava sobre Lisa Feuer.[3] Aos 38 anos, Feuer desistiu da carreira de publicidade e marketing. Aborrecida com as restrições da vida corporativa, começou a se questionar se aquilo era sua vocação. "Eu observava meu marido tendo seu próprio negócio e senti que também poderia." Então ela decidiu dar uma chance ao empreendedorismo.

Como noticiado pelo *New York Times*, Feuer matriculou-se em um curso de ioga de 200 horas, recorrendo a um empréstimo pessoal, cuja garantia era sua residência, para arcar com o custo de US$4 mil do curso. Com o certificado em mãos, ela começou o Karma Kids Ioga, a prática de ioga focada em mulheres grávidas e crianças pequenas. "Eu amo o que faço", disse ela ao jornalista ao justificar as dificuldades de começar um negócio por conta própria.

O Poder do Capital de Carreira

A mentalidade da paixão deu suporte à decisão de Feuer. Para aqueles que são encantados com o mito da verdadeira vocação, não há nada mais heroico do que trocar o conforto pela paixão. Considere, por exemplo, a autora Pamela Slim, uma adepta da mentalidade da paixão que escreveu o livro popular *Escape from Cubicle Nation*.[4] Slim descreve em seu site a seguinte amostra de diálogo que ela diz ter com frequência:

> **Eu:** Você está preparada para seguir adiante com seu plano?
>
> **As pessoas:** Eu sei o que tenho que fazer, mas não sei se consigo fazer! Quem eu sou para fingir ser um (artista) (coach) (consultor) (massagista) de sucesso? E se todo mundo que olhar meu site rir histericamente por eu querer vender meus serviços? Por que alguém iria querer se conectar comigo?
>
> **Eu:** Tempo para reconstruir sua coragem.[5]

Motivada por esses encontros, Slim lançou um seminário por telefone chamado *Rebuild Your Backbone* [Reconstrua sua coragem, em tradução livre], cujo objetivo é convencer mais pessoas a serem como Lisa Feuer encontrando coragem para perseguir seus sonhos. A descrição do curso diz que Slim responderá a perguntas como: "Por que estamos presos vivendo o modelo de sucesso de outras pessoas?" e "Como conseguir coragem para fazer coisas notáveis no mundo?" Isso custa US$47.

Rebuild Your Backbone é um exemplo da *cultura da coragem*, uma comunidade crescente de autores e analistas online que divulgam a seguinte ideia: O maior obstáculo entre você e o trabalho que você ama é a falta de *coragem* — a coragem necessária para se afastar da "definição de sucesso das pessoas" e seguir seu sonho. Essa é uma ideia que tem total sentido quando apresentada no contexto da mentalidade da paixão: se existe um trabalho perfeito esperando por nós lá fora, então todos os dias em que não seguirmos essa paixão será um dia desperdiçado. Quando vista dessa perspectiva, a atitude de Feur parece corajosa e algo que já deveria ter acontecido antes; ela poderia ser uma palestrante convidada do seminário de Pamela Slim. Mas essa ideia desmorona quando você a vê da perspectiva da teoria do capital de carreira — uma perspectiva que de repente faz do Karma Kids Ioga uma aposta equivocada.

A desvantagem da mentalidade da paixão é que ela elimina o mérito. Para defensores da paixão como Slim, iniciar um negócio próprio que lhe dá controle, criatividade e impacto é algo fácil — é apenas o ato de começar que nos impede. A teoria do capital de carreira discorda. Ela nos mostra que um grande trabalho não requer apenas uma grande coragem, mas também um grande (e real) valor. Quando Feuer deixou sua carreira em publicidade para começar seu estúdio de ioga, não apenas descartou o capital de carreira adquirido durante muitos anos no setor de marketing, mas também mudou para uma área dissociada, na qual quase não tinha capital de carreira. Dada a popularidade da ioga, um curso de treinamento de um mês coloca Feur bem perto da parte inferior da hierarquia de habilidade dos praticantes de ioga, deixando-a longe de ser tão boa que não possa ser ignorada. Portanto, de acordo com a teoria do capital de carreira, ela tem pouco poder de barganha em sua vida como profissional de ioga. É improvável que as coisas pudessem correr bem para Feuer — o que infelizmente acabou acontecendo.

Com a economia entrando em recessão em 2008, os negócios de Feuer passaram por dificuldades. Uma das academias em que ela dava aula fechou. Depois, duas classes que ela tinha em uma escola de ensino médio local foram canceladas e a demanda por aulas particulares diminuiu. Em 2009, quando o *New York Times* fez a matéria, ela estava a caminho de ganhar somente US$15 mil por ano. Na conclusão da matéria, Feuer mandou uma mensagem de texto para o jornalista, que dizia: "Agora eu estou no escritório do auxílio alimentação esperando." Nela, estava registrado: "Enviado do meu iPhone."

Dois dias depois da matéria sobre Lisa Feuer ser publicada, o *New York Times* apresentou aos leitores outro executivo de marketing, Joe Duffy.[6] Assim como Feuer, Duffy trabalhou em publicidade e com o tempo começou a se aborrecer com as restrições da vida corporativa. "Eu estava cansado dos negócios da agência", lembra ele. "Eu [queria] simplificar minha vida e enfatizar o lado criativo novamente." A formação original de Duffy é artística — ele só entrou na publicidade, como ilustrador técnico, depois que passou por tempos difíceis tentando ganhar a vida com suas pinturas. Os defensores da mentalidade da paixão talvez encorajassem alguém na mesma situação de Duffy a deixar a publicidade para trás e retornar à sua paixão pelas artes criativas.

Acontece que Duffy é da escola do pensamento artesão. Em vez de fugir dos aborrecimentos do atual trabalho, ele começou a adquirir capital de carreira para livrar-se deles. Ele tornou-se especialista em logotipo internacional e ícones de marca. Conforme sua habilidade crescia, ele fazia suas opções. Mais à frente, foi contratado pela agência Fallon McElligott com sede em Minneapolis, o que lhe permitiu administrar sua própria subsidiária dentro da empresa, chamando-a de Duffy Designs. Ou seja, seu capital de carreira comprou para ele mais autonomia.

Após 20 anos na Fallon McElligot, trabalhando com logotipos para grandes empresas como Sony e Coca-Cola, Duffy mais uma vez investiu seu capital de carreira para ganhar mais autonomia, desta vez abrindo uma pequena empresa com 15 pessoas: Duffy & Partners. Essa atitude empreendedora contrasta fortemente com a atitude de Feuer. Duffy começou sua própria empresa com capital de carreira suficiente para imediatamente prosperar — ele era um dos melhores profissionais do mundo que fazia logotipos e tinha uma lista de espera de clientes. Já Feuer começou sua empresa com apenas 200 horas de curso e abundância de coragem.

Podemos dizer que, quando Duffy recentemente se aposentou, ele amava o que fazia. O trabalho deu a ele muito controle e respeito e, dependendo de sua visão da importância da publicidade, também teve um grande impacto no mundo. No entanto, para mim, o contraste mais nítido com a história de Feuer foi a compra que Duffy fez da Duffy Trails, um retiro de 40 hectares reservado nas margens do rio Totagatic, em Wisconsin. Duffy é um ávido esquiador de cross-country e os 8km de trilhas arborizadas, que são ótimas para esquiar de novembro a março, tornaram o retiro irresistível. Assim como informado pelo *New York Times*, a propriedade pode confortavelmente hospedar pelo menos 20 convidados, espalhados em três diferentes prédios residenciais, porém, nas noites mais quentes de verão, era o mirante nas margens do lago de seis hectares, cheio de robalos, que atraía a maioria dos visitantes.

Duffy comprou essa propriedade aos 45 anos, ou seja, quase na mesma idade que Feuer deixou a publicidade para seguir com seus negócios de ioga. É esse paralelo que dá a essas duas histórias um tom de fábula: "Duas estradas divergiam em um bosque amarelo", e um viajante escolheu o caminho para a maestria enquanto o outro foi atraído em direção ao brilho da paixão. O primeiro acabou famoso em sua área, com o controle de seu próprio meio de vida e passando os fins de semana com a família em um retiro na floresta. O último acabou no escritório de auxílio alimentação.

Essa comparação não é necessariamente justa. Não sabemos se Feuer poderia replicar o sucesso de Duffy caso ficasse trabalhando com publicidade e propaganda por mais tempo e tivesse focado sua energia restante em tornar-se excelente. Mas, como metáfora, a história funciona perfeitamente. A imagem de Feuer na fila do auxílio alimentação, enquanto Duffy, quase na mesma idade, volta de uma viagem de sucesso após passar um fim de semana relaxando e esquiando na Duffy Trails é impressionante. Ela captura bem os riscos e a falta de lógica de começar do zero e contrasta com a vantagem obtida quando adquire-se mais capital de carreira. Ambos, Feuer e Duffy, tiveram os mesmos problemas no trabalho, problemas que surgiram quase na mesma época, e os dois possuíam o mesmo desejo: amar o que faziam. Mas eles tinham duas abordagens diferentes para lidar com esses problemas. No fim das contas, foi o comprometimento de Duffy à habilidade do artesão que foi o vencedor óbvio.

Quando a Habilidade Falha

Pouco antes de começar a escrever este capítulo, recebi um e-mail de John, um recém-graduado e leitor de longa data do meu blog. Ele estava preocupado com seu novo emprego como consultor fiscal. Embora ele achasse o trabalho "às vezes interessante", as horas eram longas e as tarefas eram rigorosamente determinadas, tornando difícil que a pessoa se sobressaísse. "Além de eu não gostar desse estilo de vida, estou preocupado que meu trabalho não sirva a um propósito maior e que na realidade ele prejudique os mais vulneráveis."

Este capítulo posicionou-se a favor da mentalidade do artesão e contra sua alternativa centrada na paixão. Parte do que torna a mentalidade do artesão empolgante é seu agnosticismo em relação ao tipo de trabalho que você faz. Os aspectos que definem um trabalho notável são comprados com capital de carreira; a teoria defende que ele não decorre de compatibilizar o que se faz com uma paixão inata. Por esse motivo, você não tem que se preocupar se não encontrou sua vocação — quase todo trabalho pode se tornar a base para uma carreira fascinante. John ouviu esse argumento e me escreveu, porque estava com dificuldades de aplicá-lo em sua vida como consultor fiscal. Ele não gostava do seu trabalho e queria saber se, como um bom "artesão", deveria aceitar a situação e continuar a focar em tornar-se melhor. Essa é uma pergunta importante, e veja o que eu disse a John:

"Parece que você deveria deixar o seu emprego." Refletindo, ficou claro para mim que alguns empregos são mais compatíveis para aplicação da teoria do capital de carreira do que outros. Para ajudar John, elaborei uma lista de três características que desqualificam um trabalho como provedor de uma boa base para a construção do trabalho que você ama:

Três Desqualificadores para a Aplicação da Mentalidade do Artesão

1. O emprego apresenta poucas oportunidades para que você seja reconhecido pelo desenvolvimento de habilidades relevantes que são raras e valiosas;

2. O emprego foca algo que você considera inútil ou talvez algo que até seja ativamente ruim para o mundo;

3. O emprego o força a trabalhar com pessoas que você realmente não gosta.[7]

Um emprego com qualquer uma dessas combinações desqualificadoras pode impedir suas tentativas de construir e investir no capital de carreira. Caso o emprego enquadre-se na primeira característica, o crescimento das habilidades não será possível. Caso enquadre-se nas duas primeiras características, mesmo que possa aumentar as reservas de capital de carreira, será difícil conseguir ficar tempo suficiente para alcançar esse objetivo. O trabalho de John se encaixava nas duas primeiras características, então ele precisava deixá-lo.

Darei outro exemplo: Como cientista da computação do MIT, que era o que eu fazia enquanto escrevia este livro, recebi vários e-mails de caça-talentos de Wall Street. Eles estavam contratando para empregos que ofereciam margem total para o desenvolvimento de habilidades e não tinham medo de o recompensarem muito bem por seu tempo. "Existem poucas empresas em Wall Street que pagam melhor do que todas as outras, umas três ou quatro", disse um caça-talentos que me escreveu recentemente. "E esta empresa é uma delas." (Mais tarde fiquei sabendo por uns amigos que o salário inicial nessas empresas estava na faixa de US$200 mil a

US$300 mil.) Mas, para mim, essas empresas se encaixavam na segunda condição listada acima. Essa percepção me permitiu confiantemente excluir essas ofertas assim que chegavam.

Portanto, o contexto geral que vale a pena ser mencionado aqui é que essas características desqualificantes continuam não tendo nada a ver com o fato de um emprego combinar perfeitamente com alguma paixão inata. Elas permanecem muito mais gerais. Desse modo, trabalhar certo ainda supera encontrar o trabalho certo.

Agora que fiz minha defesa da mentalidade do artesão e a moderei com as exceções listadas acima, é hora de vê-la em ação.

Capítulo Seis

Os Capitalistas de Carreira

No qual demonstro o poder do capital de carreira em ação com o perfil de duas pessoas que alavancaram a mentalidade do artesão para construírem carreiras que amam.

Dois Capitalistas de Carreira

Alex Berger tem 31 anos de idade. Ele é um roteirista de televisão de sucesso e ama seu trabalho. Mike Jackson tem 29 anos. É um capitalista de risco de tecnologia limpa e também ama seu trabalho. Este capítulo conta a história deles, já que os dois, de alguma forma, destacam a realidade um pouco confusa de usar a mentalidade do artesão para gerar um meio de vida fantástico. Tanto Alex quanto Mike focaram o objetivo de se tornarem bons — não o de encontrar suas paixões — e, então, usaram o capital de carreira que isso gerou para adquirir as características que tornaram suas carreiras incríveis.

O Mundo Fechado dos
Superbilionários da Televisão

Vamos supor por um momento que você queira ser contratado como roteirista de uma rede de televisão. Pois bem, seu primeiro passo será passar pelo crivo de alguém como Jamie.

Jamie, que tem quase 30 anos, estava recentemente envolvido em um processo de seleção de roteiristas para um programa de uma rede de televisão. Ele concordou em me falar um pouco sobre seu mundo desde que eu mantivesse seu anonimato e o do programa. Veja o que aprendi: Roteiro de TV não é algo fácil de fazer. Segundo Jamie, as coisas se desenrolam da seguinte maneira. Primeiro, os produtores pedem que as agências de talentos enviem amostras de seus roteiristas. Para seu programa específico, Jamie recebeu cerca de 100 pacotes, cada um deles contendo uma amostra de roteiro, que Jamie leu, releu e deu uma nota. Apenas as 20 melhores amostras dessa pilha serão repassadas para os produtores para considerações adicionais. Tenha em mente que os produtores já contrataram seus roteiristas veteranos e favoritos, então há poucas e preciosas vagas para serem preenchidas com essa seleção.

Para dar uma noção da competitividade desse processo, Jamie me enviou uma cópia de suas avaliações dos roteiros. Dos 100 roteiristas que enviaram seus roteiros, todos, com exceção de 14, já tiveram seus roteiros produzidos e exibidos na televisão. Para os 14 que ainda não tinham entrado para o setor, a maior nota que Jamie deu foi 6,5 de 10. No entanto, a maioria desse grupo se deu muito pior. "Era chato, sem nenhuma narrativa interessante, encenações envolventes ou diálogos inteligentes", ele escreveu sobre um roteiro (nota: 4 de 10). "Eu li apenas um quarto desse roteiro, mas está claro que está abaixo do padrão", disse ele sobre outro roteiro.

Em outras palavras, conseguir entrar para o mundo dos roteiristas de televisão é intimidante. Mas, ao mesmo tempo, posso entender porque tantas pessoas aspiram essa meta: é um emprego fantástico. E há ainda a questão do dinheiro. Como novo roteirista, o salário inicial é modesto. O Writer's Guild of America garante que é possível ganhar ao menos US$2,5 mil por semana, quantia que, dada a uma temporada-padrão de 26 semanas, é satisfatório para meio ano de trabalho. Dependendo do sucesso da série, poderá haver, depois de um ano ou dois, uma promoção para editor de histórias, função na qual, como o um experiente roteirista de TV explicou no artigo da Salon.com sobre o assunto, "você ainda está ganhando pouco" (embora, como outro roteirista admitiu, "pouco" a essa altura signifique mais de US$10 mil por episódio).[1] As coisas começam a ficar mais interessantes quando passamos para o próximo nível: produtor. Uma vez lá, "você está em meio ao dinheiro". Os melhores roteiristas podem ter um contracheque de sete dígitos. No artigo mencionado acima do site Salon.com, o termo *"kabillionaire"* foi usado por várias pessoas para descrever os salários dos produtores em programas que estão no ar há muito tempo.

Claro, você também pode ganhar muito dinheiro em outros empregos. Alguém que faz uma carreira meteórica no Goldman Sachs pode alcançar a marca de sete dígitos (incluindo bônus) na idade de trinta e poucos anos; e um sócio de um escritório de advocacia de prestígio pode conseguir algo parecido alguns anos mais tarde. Mas a diferença no estilo de trabalho entre Wall Street e Hollywood é descomunal. Imagine: sem e-mail, sem negociações de contratos tarde da noite, sem necessidade de dominar mercados de títulos ou precedentes legais. Como roteirista toda a sua ênfase está em uma única coisa: contar boas histórias. O trabalho pode ser intensivo, já que você frequentemente está em cima do prazo para entregar o próximo roteiro, mas dura apenas meio ano, e é imensamente criativo, você pode usar shorts, e a comida oferecida, como fizeram questão de dizer para mim várias vezes, é fantástica. ("Roteiristas são doidos por suas comidas", uma fonte me explicou.) Para reformular o emprego nos termos que apresentei no último capítulo, ser roteirista de televisão é atraente porque tem as três características que fazem as pessoas amarem seus trabalhos: impacto, criatividade e controle.

Na época em que o conheci, Alex Berger tinha acabado de entrar nesse mundo da elite. Ele tinha recentemente vendido um programa piloto para a rede de televisão USA. Vender um piloto é vender uma ideia. Você senta em uma sala com três ou quatro executivos de uma rede de TV e passa cinco minutos vendendo sua visão. Em uma rede de TV a cabo como a USA, esses executivos escutam entre 15 e 20 dessas "ideias" por semana. Então eles se reúnem com a equipe e escolhem três ou quatro para realmente comprar. A ideia de Alex foi uma das quatro adquiridas naquela semana.

Alex tem alguns poucos obstáculos para ultrapassar antes de seu programa ser veiculado no canal da USA, mas vender um piloto já é visto como algo impressionante no setor — um sinal de que você sabe o que está fazendo. Com intuito de enfatizar essa boa impressão, um dos executivos da USA, que gostou do trabalho de Alex, o ajudou colocando a equipe dele em um programa que já estava em andamento, o sucesso de drama e espionagem *Covert Affairs*, assim ele teria o que fazer enquanto esperava que as decisões sobre o piloto fossem tomadas. Não que Alex precisasse impulsionar sua reputação: ele já tinha escrito e exibido episódios para três diferentes programas antes mesmo de isso acontecer. Seu mais recente programa foi a comédia em "stop motion" *Glenn Martin,* que ele cocriou com Michael Eisner e que foi ao ar durante duas temporadas. Ou seja, não há dúvidas que Alex é um roteirista estabelecido em uma área que permite a apenas alguns poucos ultrapassarem seus portões.

A pergunta é: Como ele conseguiu?

Como Alex Berger Ingressou em Hollywood

O que faz da televisão uma área difícil de entrar é o fato de ser um mercado em que os vencedores levam tudo. Existe apenas um tipo de capital aqui, a qualidade do texto, e existem milhares de candidatos tentando ganhar o suficiente desse capital para impressionar um grupo pequeno de compradores.

Nesse aspecto, Alex tinha uma vantagem. Na Universidade de Dartmouth ele tinha sido um debatedor, e um dos bons. Em 2002, sua equipe de duas pessoas chegou no Torneio Nacional de Debates com a classificação mais alta do país. Alex, então, foi premiado como Melhor Orador no torneio. Assim como nos debates e nos roteiros de televisão, não há mistérios sobre o que distingue os bons dos ruins: o sistema de pontuação é específico e conhecido. Portanto, para tornar-se o melhor debatedor do país, Alex teve que dominar a arte da melhoria contínua. Ouvir a história de como ele veio a ter sucesso em Hollywood me convenceu que foi exatamente essa habilidade que possibilitou sua rápida ascensão.

Quando Alex tomou a decisão de mudar-se para Hollywood, sua lógica, típica de um debatedor, era perfeita. "Eu sabia que sempre poderia me inscrever na faculdade de direito", lembrou ele, "mas essa realmente seria minha única chance de tentar pôr à prova minha escrita". Alex admite que ao mudar-se para o oeste não sabia ao certo quais eram seus objetivos. "Eu tinha um monte de coisas que queria fazer, mas não sabia o que elas significavam. Por exemplo, pensei que queria ser um executivo de rede de televisão, mas não tinha ideia do que aquilo envolvia. Daí pensei que poderia ser um roteirista de televisão, mas também não sabia o que aquilo significava." Esse não é o caso de um jovem criando coragem para seguir sua paixão inquestionável.

Quando Alex chegou em Los Angeles, conseguiu um emprego como editor de site para a *National Lampoon*. Uma vez lá, descobriu que a *Lampoon* também estava interessada em produção televisiva. Inspirando-se no princípio "escreva sobre o que você sabe", Alex vendeu para eles o *Master Debaters*, um programa no qual os comediantes debatiam assuntos humorísticos em frente a um grupo de jurados. Ele recebeu uma quantia modesta de dinheiro para filmar o projeto piloto, que ele fez em uma livraria Border's, em Westwood. Mas fazer programas para televisão é algo difícil e as tentativas da *National Lampoon* não foram adiante.

O que eu gosto na história do Alex é o que ele fez a seguir: saiu do emprego na *National Lampoon* e conseguiu um outro como assistente de um executivo de desenvolvimento da NBC. É aqui que vejo os instintos de debatedor de Alex voltando à vida. A *National Lampoon* estava muito na periferia do setor para lhe ensinar o que era necessário para ascender. Ao aceitar um emprego como assistente ele se colocou no centro da ação, onde poderia descobrir como as coisas *realmente* funcionam.

Não levou muito tempo para que Alex descobrisse o que permite que alguns roteiristas tenham sucesso em chamar a atenção de uma rede televisiva enquanto tantos outros fracassam: *Eles escrevem bons roteiros* — uma tarefa mais difícil do que muitos imaginam. Incentivado por essa percepção, Alex começou a escrever. *E escreveu muita coisa.* Durante os oito meses que passou como assistente, dedicou suas noites a trabalhar em um trio de projetos de escrita diferentes. Primeiramente, antes de Alex sair da *National Lampoon*, a empresa tinha oferecido sua ideia do *Master Debaters* para o canal VH1 — em sua função de assistente, Alex ainda estava aprimorando o roteiro para a versão do piloto do VH1. (No final, como acontece com a maioria dos programas pilotos, nenhuma resposta veio por parte da VH1.) Ao mesmo tempo, ele estava trabalhando em um piloto para outro programa junto com um produtor que havia conhecido na *Lampoon*. Por conta própria, estava escrevendo um roteiro sobre como foi sua vida tendo crescido em Washington, D.C. "Eu podia terminar de escrever por volta das 2h, 3h da madrugada e tinha que sair de casa as 8h da manhã para chegar no meu emprego na NBC pontualmente", lembra Alex. Foi uma época agitada.

Depois de oito meses como assistente, Alex ficou sabendo de uma vaga de emprego para assistente de roteiro em *Commander in Chief*, uma série de temática muito similar à *West Wing: Nos bastidores do poder*, estrelada por Geena Davis. Ele aproveitou essa chance para observar de perto roteiristas de televisão profissionais, embora ainda tivesse um cargo de iniciante. Como atividade paralela, ele também agregou ao seu portfólio um roteiro especulativo em andamento para a série da HBO *Segura a Sua Onda*, ousadamente buscando por feedback sobre suas primeiras versões. "Eu achei que precisava de mais amostras para conseguir trabalho", ele lembra.

Enquanto trabalhava como assistente de roteiro para a série *Commander in Chief*, Alex começou a dar ideias de episódios para a equipe: um dos privilégios de ser assistente de roteiro é que você sempre pode conseguir uma (rápida) atenção para sua ideia. Um pouco antes da série ser cancelada, ele finalmente chamou a atenção da equipe com uma ideia de um episódio sobre mísseis perdidos de um acidente de avião no Paquistão e as consequências políticas de uma cerimônia de um casamento gay. Trabalhando com Cynthia Cohen, uma das roteiristas da equipe, ele produziu uma versão para o episódio.

Em e-mails para amigos na época, Alex escreveu: "Para aqueles que têm espaço em seu TiVo, recomendo dar um 'gostei' para um episódio inovador do seriado *Commander in Chief*, nesta quinta-feira às 22h. Mas, por que inovador, você pode se perguntar. Porque, nos primeiros dez minutos, pela primeira vez na história da televisão, as palavras 'Alex' e 'Berger' aparecerão em sequência — prestem atenção — bem abaixo das palavras 'escrito por'."

Com seu primeiro roteiro de televisão produzido agora em mãos, as coisas começam a mudar rapidamente para Alex. Após o cancelamento de *Commander in Chief*, ele assumiu outro cargo, ainda de iniciante, desta vez trabalhando com o produtor Jonathan Lisco na preparação da nova série, *K-Ville*, um drama pós Katrina (o furacão) em Nova Orleans, que foi desenvolvida pela Fox. Portanto, devido ao fato de seu nome já ter aparecido nos créditos

Os Capitalistas de Carreira 67

de uma série e a uma coleção crescente de roteiros especulativos refinados, esse emprego tornou-se um teste informal para Alex: era uma oportunidade de impressionar Lisco, e ele o impressionou. Quando apareceu uma oportunidade na equipe de roteiristas para *K-Ville*, ela foi dada a Alex — sua primeira posição oficial como membro da equipe de roteiristas. Ele escreveu e exibiu dois episódios da série antes que fosse cancelada.

Depois de *K-Ville*, um amigo em comum organizou uma reunião entre Alex e Michael Eisner que, recém-saído da Disney, queria criar uma comédia televisiva para ser seu primeiro projeto como produtor independente. Alex só conseguiu essa reunião, porque tinha feito parte de uma equipe de roteiristas de uma série de uma rede de televisão, mas foi seu roteiro para *Segura Sua Onda* que convenceu Eisner a pedir-lhe que escrevesse um piloto para sua nova ideia. Eisner gostou da versão do piloto e Alex começou a ajudá-lo a criar a série *Glenn Martin*, que foi ao ar por duas temporadas como uma série importante da programação "Nick at Night" da Nickelodeon.

Foi quando *Glenn Martin* estava perdendo o ritmo que Alex vendeu seu piloto para o canal USA e fez parte da equipe de uma de suas séries de sucesso, *Covert Affairs* — o cenário em que eu o apresentei a vocês pela primeira vez.

O Capital de Alex

Para entender as várias oportunidades que surgiram para Alex Berger, é preciso entender o capital de carreira que as permitiu. Por exemplo, certamente foi um grande negócio Michael Eisner pedir que Alex o ajudasse a criar uma série, mas pense no que essa oportunidade exigiu. Na época, Alex já tinha sido roteirista de uma série de uma rede de televisão e tinha um bom roteiro especulativo (*spec script*) de comédia — refinado durante muitas rodadas de feedback contundentes — em seu portfólio. Esse é um importante acúmulo de capital de carreira.

Se você voltar um pouco no tempo e perguntar como Alex conseguiu a vaga em *K-Ville*, novamente descobrirá uma transação de capital. Ele já tinha escrito e levado ao ar um episódio de uma série dramática, *Commander in Chief.* Outra coleta importante de capital.

Agora volte um pouco mais no tempo e pergunte como Alex, um simples assistente de roteiro, conseguiu levar ao ar seu roteiro em *Commander in Chief,* e encontrará a habilidade em escrever que ele desenvolveu durante os anos anteriores que passou, obsessivamente, aprimorando seu ofício — um período em que ele estava sempre trabalhando em três ou quatro roteiros de uma só vez, sempre buscando feedback de como poderia melhorá-los. Alex Berger chegou pela primeira vez em LA, recém-saído da faculdade, e não tinha esse capital da habilidade da escrita. Mas, no momento em que começou a trabalhar na série *Commander in Chief,* ele já estava preparado para sua primeira grande transação.

Neste relato, a história da rápida ascensão de Alex não se trata de uma paixão triunfando sobre os obstáculos. É algo muito menos dramático. Alex, que já tinha sido campeão de debates, de maneira calculada avaliou qual o capital de carreira era valioso para aquele mercado. Ele, então, se preparou com a intensidade que usava nos debates para adquirir esse capital o mais rápido possível. O que falta de entusiasmo nessa história, sobra em recorrência: não há nada de misterioso sobre como Alex Berger conseguiu entrar em Hollywood — ele simplesmente entendeu o valor e a dificuldade de tornar-se bom em algo.

O Emprego Mais Desejado do Vale do Silício

Mike Jackson é diretor do Westly Group, uma empresa de capital de risco de tecnologia limpa na famosa San Hill Road do Vale do Silício. Dizer que Mike tem um emprego desejado é um eufemismo. "Eu tenho um amigo que recentemente jantou com o reitor responsável por uma escola de negócios de primeira linha", disse ele. "E, nesse jantar, o reitor disse que todo mundo de sua sala de graduação naquele momento queria ser um capitalista de risco de uma empresa de tecnologia limpa." Mike teve essa experiência em primeira mão. Ele recebe dezenas de e-mails de estudantes de escola de negócios pedindo que ele fale sobre sua jornada. Ele costumava tentar respondê-los, mas agora, devido à restrição de tempo, ele ignora a maioria deles. "Todo mundo quer meu emprego", explicou ele.

70 **REGRA 2** Seja Tão Bom que Eles Não Poderão Ignorar Você

O fato de as pessoas cobiçarem seu cargo não é uma surpresa. Energia limpa está em alta. É uma maneira de ajudar o mundo, e ao mesmo tempo, como Mike admitiu, "você ganha muito dinheiro". Na função, Mike viajou pelo mundo, conheceu senadores e passou um tempo com os prefeitos de Sacramento e Los Angeles. Durante uma das nossas conversas, ele mencionou que David Plouffe, gerente da campanha de Barack Obama, havia "dado uma passada no escritório".

O que me interessa sobre Mike é que, assim como Alex Berger, ele não chegou a esse emprego excepcional porque seguiu uma paixão evidente. Em vez disso, ele cuidadosa e persistentemente juntou capital de carreira, confiante de que habilidades valiosas seriam convertidas em oportunidades valiosas. Mas, diferente de Alex, Mike começou a juntar capital *antes* de saber o que faria com ele. Na verdade, ele nunca tinha pensado em ser um capitalista de risco de tecnologia limpa até algumas semanas antes de sua primeira entrevista.

Como Mike Jackson Tornou-se um Capitalista de Risco

Mike se formou em biologia e sistemas terrestres pela Stanford. Depois de obter seu diploma de bacharelado, Mike optou por ficar mais um ano e cursar o mestrado. O professor que orientava seu mestrado estava avaliando se lançava ou não um importante projeto de pesquisa para estudar o setor de gás natural na Índia, então organizou a tese de Mike para atuar como um explorador da viabilidade do projeto. No outono de 2005, depois que Mike terminou seu mestrado, seu orientador decidiu que gostou do que viu e lançou o importante projeto de pesquisa. Não surpreende que ele tenha pedido a ajuda de Mike para liderar o projeto — nesse momento, Mike tinha passado um ano aprofundando-se nos detalhes.

Mike, que é competitivo por natureza, agarrou o projeto firmemente, convicto de que quanto melhor fizesse agora, melhores seriam suas opções mais tarde. "Durante esse período, viajei para a Índia dez vezes, para a China quatro ou cinco vezes, fora várias viagens na Europa", lembra ele. "Eu me encontrei com dirigentes de grandes empresas de serviços públicos e aprendi como o mercado de energia global *realmente* funciona." Quando o projeto foi concluído no outono de 2007, Mike e seu professor realizaram uma grande conferência internacional para divulgar e discutir os resultados. Acadêmicos e representantes dos governos do mundo todo estiveram presentes.

Com o projeto completo, Mike teve que decidir o que fazer a seguir. Dentre todas as habilidades valiosas que aprendeu no projeto, uma em particular foi o "forte entendimento" de como o mercado de carbono internacional funciona. Como parte de sua expertise, soube que havia nos Estados Unidos um obscuro mercado de créditos de energia renovável. "Quase ninguém entendia daquilo, era um mercado realmente fragmentado com uma imensa assimetria de informações", lembra ele. Por ser uma das poucas pessoas que realmente entendiam como esse mercado funcionava, Mike decidiu abrir um negócio, que ele chamou de Village Green. A ideia era simples: você dava dinheiro para Mike e ele lidava com os trâmites complicados que somente ele e poucos outros nerds da regulamentação de energia realmente entendiam e, então, ele lhe apresentava um certificado de que você tinha comprado compensações de carbono suficientes para que seu negócio fosse considerado neutro em carbono.

Mike administrou essa empresa por dois anos junto com um amigo de Stanford e com uma série de outros sócios. A sede ficava em uma casa alugada não muito longe de onde ele morava em São Francisco. A empresa nunca passou por dificuldades para pagar suas despesas, mas também nunca se tornou próspera. Então, quando em 2009 a economia desandou, Mike e seu sócio decidiram fechá-la em vez de aguardar e tentar resistir à recessão.

"Nós decidimos ter empregos de verdade", é como Mike descreve o que aconteceu a seguir. Veja como o processo se desdobrou. Um amigo de Mike que fazia comédia stand-up, tinha uma namorada que foi entrevistada para uma empresa de capital de risco. Ela decidiu não aceitar a proposta de emprego, mas recomendou que eles falassem com Mike. "Ela pensou que eu seria uma boa opção para trabalhar no ramo do capital de risco, por causa da experiência com a minha empresa", disse ele. Porém, Mike sabia que ele não se encaixaria nessa empresa centrada em tecnologia. "Eu não tenho ideia de como achar o próximo Facebook", falou ele, "mas posso dizer-lhe se uma empresa de energia solar ganhará dinheiro". No entanto, ele percebeu que, como nunca tinha ido a uma entrevista de emprego real, a experiência seria um bom treinamento.

"A entrevista não foi grande coisa, porque nós dois percebemos, logo no começo, que eu não conseguiria a vaga, mas nos demos bem em um nível pessoal", recorda ele. Em algum momento da conversa, o capitalista de risco teve uma ideia: "Sabe, você seria uma boa opção para essa empresa de tecnologia limpa que está começando. Que tal se o apresentasse ao meu amigo que está logo ali?"

No verão de 2009, Mike começou na Westly Group um período de experiência como aprendiz. Poucos meses depois lhe deram um cargo de analista em tempo integral e logo em seguida ele foi promovido a sócio. Dois anos mais tarde tornou-se diretor. "Quando as pessoas me perguntam como consegui meu trabalho", ele fala em tom de brincadeira, "digo a elas para fazerem amizade com um comediante".

O Capital de Mike

Mike Jackson alavancou a mentalidade do artesão para exercer sua atividade realmente bem, dessa forma garantindo que sairia de cada experiência profissional com a maior quantidade de capital de carreira possível. Ele nunca tinha feito planos elaborados para sua carreira. Em vez disso, após cada experiência de trabalho, ele se mantinha atento, para ver quem estava interessado em sua mais nova reserva de capital de carreira ampliada, e então agarrava qualquer oportunidade que parecesse mais promissora.

Algumas pessoas podem dizer que a sorte também teve um papel importante na história de Mike. Por exemplo, ele teve a sorte de encontrar uma conexão pessoal com um capitalista de risco e, então, se darem bem quando se encontraram pessoalmente. Mas essas pequenas oportunidades são comuns. O que mais importa na história de Mike é que uma vez que ele encontrou uma boa oportunidade, seu capital de carreira trabalhou para ele conseguir uma fantástica oferta de trabalho.

Se passar um tempo com Mike, rapidamente perceberá o quão sério ele é em realizar bem sua atividade. É verdade que ele ama

REGRA 2   Seja Tão Bom que Eles Não Poderão Ignorar Você

seu trabalho, mas ainda é ágil em voltar a conversa para *como* ele aborda seu trabalho. Você aprenderá mais no próximo capítulo que Mike literalmente monitora cada hora de seu dia, anotando em uma planilha de trabalho até uma atividade de apenas 15 minutos. Ele quer ter certeza que sua atenção esteja voltada para atividades que importam. "É muito fácil você estar aqui e passar o dia todo olhando e-mails", alertou ele. Na amostra de planilha que me mandou, ele destina apenas 90 minutos por dia para verificar os e-mails. No dia anterior ao da nossa conversa, ele havia passado apenas 45 minutos nisso. Essa é uma pessoa que leva a sério fazer bem o que faz.

No final, o foco de Mike na capacidade, e não na vocação, obviamente valeu a pena. Ele tem um trabalho fantástico, mas que exigia um fantástico capital de carreira para ser oferecido em troca.

Capítulo Sete

Tornando-se um Artesão

*No qual apresento a **prática deliberada** e a estratégia--chave para adquirir capital de carreira, e mostro como integrá-las em sua própria vida profissional.*

Por que Jordan Tice é Melhor Guitarrista do que Eu?

Jordan Tice e eu começamos a tocar guitarra juntos aos 12 anos de idade. Após ganhar minha primeira guitarra, formei uma banda, e muitos meses mais tarde, fiz meu primeiro "show" — uma interpretação mais lenta da música "All Apologies" do Nirvana, no show de talentos da sexta série na escola Tollgate, recebendo aplausos educados. Depois disso comecei a levar a sério: tive aulas durante os últimos anos do ensino fundamental e no ensino médio. Eu tocava todos os dias — às vezes solos de rock blues dos discos do Hendrix por horas a fio. Minha banda, que tinha o nome questionável de Rocking Chair [Cadeira de Balanço], fez cerca de 12 shows em um ano: festivais, festas, competições — em qualquer lugar que as pessoas deixassem que montássemos nossos equipamentos. Certa vez tocamos em um cemitério que dava de frente para um estacionamento. A mãe de nosso baterista gravou tudo. Quando ela girou a câmera de onde estávamos tocando, em frente aos túmulos, para o estacionamento, via-se que a "multidão" consistia em meia dúzia de pessoas em suas cadeiras dobráveis. Ela ainda acha graça quando vê o vídeo.

Quando me formei no ensino médio, eu podia tocar um repertório de centenas de músicas, de Green Day a Pink Floyd. Ou seja, eu tinha alcançado o nível de excelência que se espera de alguém que toca um instrumento seriamente por seis anos. Mas é isso que acho fascinante: comparado às habilidades de Jordan Tice na mesma idade, eu era medíocre.

Jordan pegou em uma guitarra na mesma época da vida que eu peguei. Mas na época em que se formou no ensino médio, ele saiu em uma turnê na Nova Inglaterra com um grupo de músicos profissionais de *bluegrass* e assinou seu primeiro contrato para uma gravação. Quando eu estava no ensino médio, o grupo acústico Nickel Creek era considerado admirável pelos meus colegas músicos esnobes assim como Dave Matthews Band pelos descolados. Quando Jordan estava no ensino médio, ele regularmente fazia shows com o baixista Mark Schatz. A pergunta que vem à mente com essa comparação é: Por que, embora nós dois tivéssemos tocado seriamente pelo mesmo período de tempo, eu terminei mais como um guitarrista comum do ensino médio enquanto Jordan tornou-se um astro?

Essa pergunta foi rapidamente respondida quando visitei Jordan. A diferença entre nossas habilidades aos 18 anos tinha menos a ver com o número de horas praticadas — embora ele provavelmente tivesse acumulado mais horas de práticas totais do que eu — e mais a ver com o que fazíamos com essas horas. Por exemplo, uma de minhas lembranças mais vivas com a Rocking Chair era meu desconforto ao tocar qualquer coisa que eu não soubesse bem. Existe uma tensão mental ao tocarmos uma música que não está bem arraigada na memória e eu detestava essa sensação. Eu aprendia as músicas relutantemente, depois me apegava uma vez que ficavam fáceis para mim. Eu costumava ficar chateado quando nosso guitarrista rítmico sugeria que a gente tentasse algo novo durante o ensaio da banda. Ele ficava feliz ao ver novos acordes e depois caía dentro. Eu não. Mesmo muito jovem percebi que meu desconforto mental era uma desvantagem no mundo dos shows.

Compare isso às primeiras experiências de Jordan com a guitarra. Seu primeiro professor foi um amigo da igreja dos seus pais. Como Jordan se lembra, suas lições eram focadas em escolher os temas dos discos do Allman Brothers. "Então ele anotava os temas e depois memorizava?", perguntei. "Não, a gente tentava pegar de ouvido", Jordan respondeu. Quando eu estava no ensino médio, a ideia de aprender temas complicados de ouvido estava além da minha paciência e esforço mental. Mas Jordan passou a gostar desse esforço. Em nossa entrevista, dez anos depois do ensino médio, Jordan em certo momento agarrou sua velha Martin e tocou o solo da música "Jessica", que ele de alguma forma ainda se lembrava. "Grande melodia", disse ele.

Não só a prática precoce exigia que ele constantemente se esforçasse além do que era confortável, mas também era acompanhada de feedback imediato. O professor estava sempre lá, Jordan explicou, "para intervir e me mostrar caso eu estragasse uma harmonia".

Ao observar a atual rotina de prática de Jordan, essas características — esforço e feedback — permanecem centrais. Para aumentar o estilo "picking" que precisa para sua nova música, ele continua ajustando a velocidade de sua prática além da zona de conforto. Quando ele toca uma nota errada, imediatamente para e começa de novo, proporcionando um feedback imediato para ele mesmo. Enquanto pratica, o esforço em seu rosto e o jeito ofegante de respirar podem ser desconfortáveis até mesmo para quem está assistindo — eu não consigo imaginar como deve ser realmente fazer isso. Mas Jordan está feliz praticando desse modo por horas a fio.

Então, tudo isso explica por que Jordan me deixou para trás. Eu tocava. Mas ele praticava. O músico de estúdio de Nashville, Mark Casstevens, reforçou essa disposição de dedicar-se constantemente a aprimorar suas habilidades. Quando conversamos, por exemplo, ele estava em um processo de vagarosamente aumentar a velocidade em um novo tom "complicado em si bemol com uma grande quantidade de acordes de barra e um contraponto complicado". Mesmo alguém no nível de Casstevens de (literalmente) experiência vencedora de prêmios (a Academia de Música Country recentemente o nomeou Instrumentalista Especial do Ano) não pode evitar a necessidade de "sair de seu conforto para praticar".

"Eu desenvolvi memória muscular da maneira mais difícil, por repetição", ele disse, ecoando as longas sessões práticas de aperfeiçoamento das habilidades de Jordan. "Quanto mais trabalho, mais relaxado me sinto para tocar, e melhor a música vai soar."

Claro que essas observações envolvem muito mais do que apenas tocar violão. A ideia central deste capítulo é **que a diferença na**

estratégia que separa guitarristas medianos como eu de astros como Tice e Casstevens não está limitada à música. Esse foco em ampliar suas habilidades e receber feedback imediato proporciona a base de um princípio mais universal — que, eu acredito cada vez mais, oferece a chave para adquirir com sucesso capital de carreira em quase todas as áreas.

Como Tornar-se um Grande Mestre

Se quer entender a ciência de como as pessoas conseguem se tornar boas em alguma coisa, o xadrez é um excelente ponto de partida. Em primeiro lugar, o xadrez oferece uma definição clara de habilidade: sua classificação. Embora diferentes sistemas de classificação de xadrez tenham sido sugeridos com uma aceitação variada, o padrão atual é o sistema Elo usado pela Federação Mundial de Xadrez. Esse sistema dá aos enxadristas uma pontuação que começa do zero e vai aumentando conforme eles melhoram. O cálculo é complicado, mas em um alto nível de aproximação ele reflete o desempenho dos enxadristas em torneios oficiais. Se você for melhor do que o esperado, sua pontuação sobe, se for pior, sua pontuação cai. Um enxadrista principiante sério, que joga nas competições ocasionais de fim de semana, terá sua pontuação em três dígitos. Bobby Fischer atingiu o auge de 2785 pontos. Já em 1990 Garry Kasparov tornou-se o primeiro enxadrista a alcançar a marca de 2,8 mil pontos. A maior pontuação já obtida foi 2851, também alcançada por Kasparov.

A outra razão que prova que o xadrez se mostra útil para estudar o desempenho é o fato de ser muito difícil. Para vencer Garry

80   **REGRA 2**   Seja Tão Bom que Eles Não Poderão Ignorar Você

Kasparov em 1997, por exemplo, o supercomputador da IBM Deep Blue teve que analisar 200 milhões de movimentos por segundo, e, para jogar uma abertura competitiva, teve que se basear em um banco de dados de mais de 700 mil jogos de grandes mestres. Por causa da dificuldade do xadrez, podemos esperar que as estratégias necessárias para se tornar um bom enxadrista serão mais acentuadas e, portanto, mais fáceis de serem identificadas.

Essas características explicam por que os cientistas têm estudado enxadristas desde os anos 1920, quando um trio de psicólogos alemães resolveu descobrir se grandes mestres tinham memórias acima do normal.[1] (Acontece, curiosamente, que eles não têm. Embora os grandes mestres sejam fantasticamente eficientes em guardar as posições do xadrez na mente, suas habilidades gerais em recordar estão dentro da média). Um estudo que mostra ser particularmente relevante aos nossos interesses é mais recente. Em 2005, uma equipe de pesquisa liderada por Neil Charness, um psicólogo da Universidade Estadual da Flórida, publicou os resultados de uma década de investigação sobre os hábitos de prática dos enxadristas.[2] Durante os anos 1990, a equipe de Charness colocou anúncios em jornais e colou folhetos em torneios de xadrez em busca de enxadristas ranqueados para participarem de seu projeto. A equipe acabou pesquisando mais de 400 enxadristas de todo o mundo, em um esforço para entender porque alguns são melhores que outros. Cada enxadrista recebeu um formulário para ser preenchido que solicitava um histórico detalhado de seu envolvimento com o jogo. Era pedido, essencialmente, que os enxadristas recriassem uma linha do tempo do desenvolvimento deles no xadrez. Com quantos anos começaram? Que tipo de treinamento receberam cada ano? De quantos torneios participaram? Eles foram treinados? Quanto? E assim por diante.

Estudos anteriores mostraram que leva cerca de dez anos, no mínimo, para se tornar um grande mestre. (Como o psicólogo K. Anders Ericsson gosta de frisar, mesmo prodígios como Bobby Fisher tiveram que jogar durante dez anos antes de alcançar reconhecimento internacional: ele apenas começou essa acumulação mais cedo do que os outros.) Esta é a "regra dos dez anos", às vezes chamada de "regra das 10 mil horas", que vem aparecendo em círculos científicos desde os anos 1970, mas foi popularizada recentemente pelo bestseller de 2008 de Malcom Gladwell, *Fora de Série*.[3] Veja como ele a resume:

A Regra das 10 Mil Horas

A ideia de que a excelência para desempenhar uma tarefa complexa requer um nível mínimo crítico de prática vem à tona repetidamente nos estudos de expertise. Na verdade, os pesquisadores decidiram pelo que acreditam ser o número mágico para a verdadeira expertise: **10 mil horas** *[grifo do autor].*

No livro *Fora de Série*, Gladwell apontou essa regra como a evidência de que grandes realizações não estão relacionadas a talento natural, em vez disso trata-se de estar no lugar certo e na hora certa para acumular uma quantidade grande de prática. Vamos aos exemplos. Bill Gates? Por acaso, ele estudou em uma das primeiras escolas de ensino médio do país com um computador instalado e que permitia que os alunos o acessassem sem supervisão — tornando-se um dos primeiros de sua geração a acumular milhares de horas de prática nesta tecnologia. Mozart? Seu pai era um fanático em relação à prática. Na época em que Mozart estava fazendo turnê pela Europa como um prodígio, ele tinha sido obrigado a treinar o dobro do número de horas praticadas por músicos daquela época.

No entanto, o que me interessa no estudo de Charness, é que ele vai além da regra das 10 mil horas, perguntando não apenas *quanto tempo* as pessoas trabalharam, mas também *qual tipo* de trabalho elas fizeram. Em mais detalhes, eles estudaram enxadristas que passaram a mesma quantidade de tempo — cerca de 10 mil horas — jogando xadrez. Alguns desses enxadristas se tornaram grandes mestres, enquanto outros continuaram no nível intermediário. Os dois grupos praticaram a mesma quantidade de tempo, então a diferença entre suas habilidades deve depender de como eles usaram essas horas. E foram essas diferenças que Charnes procurou.

Nos anos 1990, esta era uma questão relevante. Na época havia um debate no mundo do xadrez a respeito da melhor estratégia para o aperfeiçoamento. Um dos lados dizia que era por meio das *partidas em torneios*, já que elas proporcionam prática com limites de tempo curto e trabalhando em cima das distrações. Contudo, o outro lado enfatizava o estudo sério — debruçar-se sobre os livros e usar professores que ajudassem a identificar e, então, eliminar as fraquezas. Quando perguntados, os participantes do estudo de Charness acharam que possivelmente os torneios eram a resposta correta. Mas, como se revelou, os participantes estavam errados. As horas utilizadas para estudar seriamente o jogo de xadrez não eram apenas o fator mais importante na previsão da habilidade no xadrez, mas também *dominava* os outros fatores. Os pesquisadores descobriram que os enxadristas que se tornaram grandes mestres passavam *cinco vezes mais horas* se dedicando a estudos sérios do que aqueles que ficaram no nível intermediário. Em média, os grandes mestres dedicaram por volta de 5 mil das 10 mil horas estudando seriamente. Ao contrário dos jogadores intermediários que dedicaram apenas 1 mil para essa atividade.

Em uma análise mais detalhada, a importância de um estudo sério se torna mais óbvia. Nele, Charness conclui, "os materiais podem ser deliberadamente escolhidos ou adaptados, de modo que os problemas a serem resolvidos estejam em um nível que seja desafiador". Isso contrasta com as partidas nos torneios, nas quais você está propenso a jogar com um oponente que pode ser comprovadamente melhor ou pior do que você: as duas situações em que a "melhora da habilidade tende a ser minimizada". Além do mais, quando se estuda nesse nível, o feedback é imediato. Ele vem de respostas de problemas de xadrez em um livro, ou, o que é mais comum para enxadristas que levam a sério, do feedback imediato de um treinador especialista. O fenômeno norueguês de xadrez Magnus Carlsen, por exemplo, pagou para Gary Kasparov mais de US$700 mil por ano para refinar seu estilo de jogo, até então intuitivo.

Veja como o xadrez se encaixa tão bem em nossa discussão anterior sobre a prática de violão. O "estudo sério" empregado pelos melhores enxadristas assemelha-se à abordagem de Jordan Tice com a música. Os dois focam as atividades difíceis, escolhidas com cuidado para aumentar suas habilidades onde é mais necessário e que fornecem feedback imediato. Ao mesmo tempo, perceba como as partidas nos torneios de xadrez assemelham-se à minha aborda-

84   **REGRA 2**   Seja Tão Bom que Eles Não Poderão Ignorar Você

gem do violão: é agradável e empolgante, mas não necessariamente torna você melhor. Passei muitas horas tocando músicas que eu conhecia, incluindo dezenas e dezenas de horas em um palco. Assim como os enxadristas intermediários do estudo de Charness, eu deixei esse trabalho gratificante acumular de forma ineficaz, enquanto Jordan, durante o mesmo período de tempo, estava cuidadosamente se dedicando ao estudo sério que o tornaria excepcional.

No início da década de 1990, Anders Ericsson, um colega de Neil Charness da Universidade Estadual da Flórida, cunhou o termo "prática deliberada" para descrever esse estilo de estudo sério, definindo-o formalmente como uma "atividade feita tipicamente por um professor para o único propósito de melhorar de maneira eficaz os aspectos específicos do desempenho individual".[4] Assim como centenas de estudos subsequentes mostraram, a prática deliberada oferece a chave para a excelência em diversas áreas, entre as quais estão o xadrez, medicina, auditoria, programação de computadores, jogo de bridge, física, esportes, digitação, malabarismo, dança e música.[5] Se quer entender de onde vem o talento dos atletas profissionais, por exemplo, dê uma olhada em seus horários de prática — quase sem exceção ampliam de forma sistemática suas habilidades atléticas desde que são crianças com a orientação de um técnico experiente. Se perguntar para Malcom Gladwell sobre sua habilidade em escrever, ele também apontará em direção à prática deliberada. No livro *Fora de Série,* ele observa que passou dez anos aprimorando seu ofício na sala de redação do jornal *Washington Post* antes de ir para o *New Yorker* e começar a escrever seu primeiro livro de sucesso, *O Ponto de Virada.*

"Quando especialistas exibem seus desempenhos superiores em público, seus comportamentos parecem tão sem esforço e naturais que ficamos tentados a atribuí-los a talentos especiais", Ericsson observa. "Porém, quando os cientistas começaram a medir esses supostos poderes superiores... nenhuma superioridade geral foi encontrada."[6] Ou seja, fora poucos exemplos extremos — tais como a altura dos jogadores de basquete profissional e o físico de um jogador de futebol americano — cientistas não conseguiram encontrar muitas evidências de habilidades naturais que expliquem o sucesso dos especialistas. É a acumulação de uma vida de prática deliberada que repetidamente acaba explicando a excelência.

Veja o que me impressiona, por ser algo importante, sobre a prática deliberada: ela não é óbvia. Exceto áreas como xadrez, música e esporte profissional, que têm estruturas competitivas claras e regimes de treinamentos, poucas pessoas participam de algo que, mesmo de forma remota, se aproxima desse estilo de desenvolvimento de habilidades. Como Ericsson explica: "A maioria das pessoas que começam como profissionais ativos... mudam seus comportamentos e aumentam seus desempenhos por um tempo limitado até que alcancem um nível aceitável. No entanto, além deste ponto, os desenvolvimentos adicionais parecem ser imprevisíveis, e o número de anos de trabalho... é um fraco indicador do desempenho alcançado." Colocando de outra forma, **se for trabalhar, e trabalhar arduamente, logo alcançará um patamar de desempenho além do qual não consegue mais melhorar.** Foi isso que aconteceu comigo ao tocar meu violão, com os enxadristas que pararam nas partidas dos torneios, e com a maioria dos trabalhadores do conhecimento que simplesmente cumprem horários: Todos nós apenas atingimos patamares.

Quando me deparei pela primeira vez com o trabalho de Ericsson e Charness, essa ideia me surpreendeu. Ela me mostrou que na maior parte dos tipos de trabalhos — ou seja, trabalhos que não possuem uma filosofia clara de treinamento — a maioria das pessoas está estagnada. Isso gera uma consequência empolgante. Vamos supor que você seja um trabalhador do conhecimento, que é uma área sem uma filosofia de treinamento clara. Se descobrir como integrar a prática deliberada em sua própria vida, você tem a possibilidade de ultrapassar seus colegas em seu valor, já que talvez esteja sozinho dedicando-se sistematicamente a tornar-se melhor. Ou seja, a *prática deliberada pode oferecer a chave para você rapidamente se tornar tão bom que eles não poderão ignorar você.*

Portanto, para adotarmos a mentalidade do artesão com sucesso, temos que abordar nossos trabalhos da mesma forma que Jordan fez com seu violão ou como Garry Kasparov fez com seus treinos de xadrez — com dedicação à prática deliberada. Como realizar essa tarefa é o objetivo do restante deste capítulo. Eu quero começar, na próxima seção, dizendo que não sou o primeiro a ter essa ideia. Quando voltamos às histórias de Alex Berger e Mike Jackson, descobrimos que a prática deliberada estava no centro de suas buscas por um trabalho que amam.

Alex Berger Anseia por Críticas e Mike Jackson Não Verifica o E-mail

Considere a ascensão de dois anos de Alex Berger, de assistente a um dos criadores de uma série de televisão nacional nos EUA. Ele me disse que para ter seu texto com a "qualidade de rede de televisão" você pode levar no mínimo alguns anos e no máximo 25. A razão pela qual seu caminho foi mais rápido, ele explicou, foi sua obsessão, no estilo campeão de debate, por melhorar. "Eu tenho um desejo sem fim de ser melhor", disse ele. "É como um esporte, é preciso praticar e estudar." Alex admitiu que, mesmo sendo um roteirista consagrado, ainda lê livros sobre roteiros, procurando por pontos em que possa aprimorar seu trabalho. "É um constante processo de aprendizado", disse ele.

Outra coisa que notei sobre Alex é que esse aprendizado não é feito em isolamento. "É preciso estar constantemente pedindo feedback dos colegas e profissionais", disse ele. Durante seu progresso, Alex sempre escolhia projetos em que era forçado a mostrar seu trabalho para outras pessoas. Por exemplo, quando trabalhava como assistente para a NBC, ele estava escrevendo dois pilotos: um para o canal VH1 e outro juntamente com um produtor que ele conheceu na *National Lampoon*. Nos dois casos, as pessoas estavam esperando para ver seus roteiros — não havia como evitar que fossem lidos e dissecados. Para dar outro exemplo, seu roteiro especulativo da série *Segura Sua Onda*, que o ajudou a conquistar o emprego com Michael Eisner, foi submetido a muitas análises de colegas, a seu próprio pedido. "Agora, quando me recordo, sinto vergonha de tê-lo mostrado para alguém", disse Alex. Mas foi necessário para ele tornar-se melhor. "Espero que daqui a dez anos eu possa olhar para trás e dizer o mesmo sobre o que estou escrevendo agora."

No exemplo de Alex, podemos ver exatamente as características que Anders Ericsson definiu como cruciais para a prática deliberada. Ele ampliou suas habilidades conforme assumiu projetos que iam além de sua atual zona de conforto, e não um de cada vez, mas muitas vezes até três ou quatro textos encomendados ao mesmo tempo, tudo isso enquanto trabalhava normalmente! Ele, então, buscou de forma obsessiva por feedback, *em tudo* — mesmo hoje em dia, quando ele lembra, envergonha-se da qualidade dos roteiros que enviou na época. Essa é uma prática deliberada perfeita. E funcionou, pois permitiu que Alex adquirisse capital de carreira em um mercado em que os vencedores levam tudo e não querem dividir com outros.

Vemos um comprometimento parecido na história de Mike com a prática deliberada. Em cada etapa do caminho para se tornar um capitalista de risco, ele se jogou em projetos além de suas capacidades e, então, lutou para torná-los bem-sucedidos. Ele aceitou uma tese de mestrado ambiciosa e que resultou na liderança de um projeto de pesquisa internacional ainda mais ambicioso. Saiu do projeto para o difícil mundo das startups, no qual, sem investimento externo, sua capacidade de pagar suas contas dependia dele descobrir coisas rapidamente.

Além disso, em todas as etapas desse caminho, Mike não apenas se desafiava, ele também recebia feedback direto. O trabalho que ele liderava para o projeto de pesquisa internacional estava sendo preparado para uma avaliação de especialistas — correndo risco de ser duramente criticado. E, enquanto administrava sua startup, esse feedback assumiu a forma de quanto dinheiro ganhava. Se ele gerisse a empresa de maneira deficiente, não teria escapatória, com sua crítica chegando na forma de uma falência.

Em seu cargo atual como capitalista de risco, Mike mantém sua dedicação em aumentar suas habilidades, guiado por feedback. Sua nova ferramenta escolhida é uma planilha de trabalho que ele utiliza para monitorar como usa cada hora do dia. "No começo de cada semana eu calculo quanto tempo quero dedicar para diferentes atividades", explicou ele. "Então eu as monitoro e aí posso ver o quão perto estou das minhas metas." Na amostra da planilha que me enviou, ele divide suas atividades em duas categorias: *difíceis de mudar* (i.e., compromissos da semana que ele não pode evitar) e *altamente mutáveis* (i.e., atividades autodirigidas que ele pode controlar). Veja a seguir a quantidade de tempo que ele dedica a cada uma delas:

Alocação de Horas de Trabalho de Mike Jackson
Compromissos Difíceis de Mudar

Atividade	Horas Alocadas por Semana
E-mail	7,5
Almoço/Pausas/Outros	4
Planejamento/Organização	1,5
Reunião com Parceiros/Administrativo	4
Reunião Semanal de Arrecadação de Fundos	1

REGRA 2   Seja Tão Bom que Eles Não Poderão Ignorar Você

	Compromissos Altamente Mutáveis
Atividades	*Horas Alocadas por Semana*
Melhoramentos de Material para Arrecadação de Fundos	3
Processo de Arrecadação de Fundos	12
Pesquisa de Auditoria	3
Fornecimento de Fluxo de Negócios	3
Reuniões/Ligações para Investidores em Potencial	1
Trabalho com Empresas do Portfólio dos Investidores	2
Rede de Contatos/ Desenvolvimento Profissional	3

O objetivo de Mike com sua planilha é tornar-se mais "intencional" sobre o desdobramento de seu dia de trabalho. "A coisa mais fácil a fazer é aparecer no trabalho de manhã e só responder e-mails o dia todo", explicou ele. "Mas essa não é a maneira mais estratégica de usar seu tempo." Mike agora admite livremente que "não manda muitos e-mails". Mesmo depois de termos trabalhado por um tempo fazendo as entrevistas para este livro, os e-mails que mandava para Mike eram respondidos apenas esporadicamente. Acabei descobrindo que era melhor ligar enquanto ele estivesse se deslocando para o escritório em Palo Alto. Analisando melhor, isso faz todo o sentido visto da perspectiva de Mike. Passar horas, todos os dias, fazendo uma triagem entre e-mails não muito importantes de autores como eu, ou de estudantes de negócios em busca de conselhos, entre outras trivialidades, seria um empecilho à sua capacidade de ganhar dinheiro e de encontrar boas empresas para investir — ou seja, o que ele é pago para fazer. Será que ele incomoda alguém por causa dessa falta de disponibilidade? Provavelmente. Mas veja meu exemplo de ter sido forçado a ligar para ele durante seus deslocamentos: as coisas importantes ainda chegam até ele, mas dentro do *seu* cronograma.

Quando olhamos a planilha de Mike também percebemos que ele restringe as horas dedicadas para tarefas que não o tornam melhor no que ele já faz (18 horas). Em vez disso, a maior parte da sua semana é focada no que realmente importa: ganhar dinheiro, avaliar investimentos e ajudar suas empresas de fundos (27 horas). Sem esse acompanhamento cuidadoso, essa proporção seria muito diferente.

Esse é um ótimo exemplo de prática deliberada no trabalho. "Eu quero usar meu tempo com o que é importante e não com o imediato", explicou Mike. No fim de cada semana, ele imprime seus números para ver o quanto alcançou desse objetivo e, então, usa isso como feedback para guiá-lo na próxima semana. Por ter sido promovido três vezes em menos de três anos enfatiza a eficácia dessa abordagem deliberada.

Os Cinco Hábitos do Artesão

As histórias de Alex Berger e Mike Jackson dão um bom exemplo de prática deliberada em um cenário de trabalho do conhecimento. Mas ainda pode ser difícil descobrir como aplicar essa estratégia em nossa própria vida profissional. Motivado por essa realidade, baseei-me na literatura das pesquisas de prática deliberada e também nas histórias de artesãs como Alex e Mike para construir uma série de passos a fim de aplicar essa estratégia com sucesso. Nesta seção, detalharei esses passos. Não há fórmula mágica, mas a prática deliberada é um processo altamente técnico, então espero que essa especificidade o ajude a começar.

Primeiro Passo: Decida em Qual Mercado de Capital Você Está

Para ficar mais claro, apresentarei algumas novas terminologias. Quando está adquirindo capital de carreira em uma área, você pode imaginar que o está adquirindo em um tipo específico de **mercado** de capital de carreira. Existem dois tipos desses mercados: *vencedor leva tudo* e *leilão*. Em um mercado vencedor leva tudo, existe apenas um tipo de capital de carreira disponível, e muitas pessoas diferentes competindo por ele. Roteirista de televisão é um mercado vencedor leva tudo, porque tudo o que importa é sua habilidade para escrever bons roteiros. Ou seja, o único tipo de capital de carreira é a capacidade de escrever roteiros.

Por outro lado, um mercado de leilão é menos estruturado; nele existem muitos tipos diferentes de capital de carreira e cada pessoa pode gerar uma coleção única. O setor de tecnologia limpa é um mercado de leilão. O capital de carreira de Mike Jackson, por exemplo, incluiu expertise em mercados de energia renovável e empreendedorismo, mas há uma variedade de outros tipos de habilidades relevantes que também podem ser necessárias para conseguir um emprego nessa área.

Com isso em mente, a primeira tarefa para desenvolver a estratégia da prática deliberada é descobrir em que tipo de mercado de capital de carreira você está competindo. Responder a essa pergunta pode parecer algo óbvio, mas enganar-se é muito fácil. Aliás, veja como interpreto o começo da história de Alex. Quando chegou em Los Angeles, ele tratou o setor do entretenimento como um mercado de leilão. Ao conseguir o trabalho como editor na *National Lampoon*, ele começou a formar um grupo de jovens escritores de humor. Ele também filmou um piloto de baixo custo para a empresa. Essas ações fazem sentido em um mercado de leilão, no qual é importante construir uma coleção diversificada de capital de carreira. Mas o setor do entretenimento não é um mercado de leilão, em vez disso é um mercado vencedor leva tudo. Se quer uma carreira de roteirista de televisão, como Alex descobriu, uma única coisa importa: a qualidade de seus roteiros. Levou um ano para ele perceber seu erro, mas uma vez que percebeu deixou a *Lampoon* para se tornar assistente de um executivo de televisão e, então, pôde entender melhor o tipo único de capital de carreira que tem algum valor em sua área. Foi apenas nesse ponto que ele começou a impulsionar sua carreira.

Não distinguir a diferença entre um mercado de leilão e um mercado vencedor leva tudo é comum. Vejo isso com frequência em uma área relevante em minha vida: blogs. Eis um típico e-mail entre muitos que recebo de pessoas pedindo conselhos sobre como aumentar seu próprio público no blog:

"Terminei meu primeiro mês de postagens e tenho cerca de 3 mil visualizações. Mas a taxa de rejeição é incrivelmente alta, em especial por meio de envios do Digg e Reddit, que pode chegar próximo dos 90%. Gostaria de saber quais os próximos passos que devo tomar para reduzir a taxa de rejeição."

Esse blogueiro novato estava vendo o blog como um mercado de leilão. Na concepção dele, existem muitos tipos diferentes de capital de carreira relevantes para seu blog — desde o formato, a frequência de suas postagens e a otimização do mecanismo de busca, até a facilidade de encontrá-lo em redes de sociais (esse blogueiro em particular investiu um tempo considerável enviando cada postagem para quantas redes sociais fosse possível). Ele via o mundo por meio de estatísticas e esperava que com a combinação correta de capital de carreira poderia ganhar dinheiro a partir dessas estatísticas. No entanto, o problema é que blogar no espaço de conselhos — que o site dele ocupava — não é um mercado de leilão, mas sim um mercado de vencedor leva tudo. O único capital de carreira que importa é se suas postagens motivam ou não os leitores.

Alguns blogs de destaque nesses espaços têm designs notoriamente desajeitados, mas todos alcançam o mesmo objetivo básico: eles inspiram seus leitores. Quando entende de forma correta o mercado em que os blogs existem, você para de calcular a taxa de rejeição e começa a focar em dizer algo com que as pessoas realmente se importem — que é onde sua energia deve estar se quiser ter sucesso.

Em contrapartida, Mike Jackson identificou corretamente que ele estava em um mercado de leilão. Ele não estava totalmente certo do que queria fazer, mas sabia que envolveria o ambiente, então planejou ganhar qualquer capital pertinente a esse assunto amplo.

Passo 2: *Identificar Seu Tipo de Capital*

Uma vez definido seu mercado, você deve, então, identificar o tipo específico de capital para buscar. No caso do mercado vencedor leva tudo, isso é trivial, pois existe apenas um tipo de capital que importa. Entretanto, no mercado de leilão, você tem mais flexibilidade. Uma heurística útil nessa situação é procurar por *portas abertas* — ou seja, oportunidades para construir capital de carreira que já estiverem abertas para você. Por exemplo, o próximo passo de Mike Jackson após se formar foi trabalhar com um professor de Stanford em sua pesquisa de política ambiental. Essa decisão ajudou Mike a adquirir um tipo fundamental de capital de carreira — uma compreensão sutil dos mercados de energia internacional. Mas ao mesmo tempo tenha em mente que isso também era uma oportunidade que estava se abrindo para Mike, porque ele já era um estudante de Stanford que obtivera um diploma na área. Isso fez com que fosse relativamente fácil para ele assumir seu novo papel. Já para alguém de fora de Stanford, por contraste, ser responsável por um projeto assim tão importante teria sido uma proposta muito menos provável.

A vantagem de ter portas abertas é que elas o levam mais longe e mais rápido, em termos de conseguir capital de carreira, do que começar do zero. E o ajuda a pensar sobre como adquirir habilidades. É como um trem de carga: para começar é necessária uma força imensa, mas uma vez que o trem esteja em movimento ganhar velocidade fica mais fácil. Ou seja, é difícil começar do zero em uma nova área. Se, por exemplo, Mike tivesse decidido sair de

Stanford para trabalhar em uma empresa privada de sustentabilidade sem fins lucrativos, teria começado de baixo e sem ninguém para ajudá-lo a subir de cargo. Mas, ao alavancar sua educação em Stanford, para ganhar assim uma participação em um projeto com um professor da mesma faculdade, ele acabou adquirindo, bem mais cedo, um capital de carreira valioso.

Passo 3: Defina "Bom"

É nesse momento, uma vez que já identificou exatamente qual habilidade desenvolver, que você pode, para se orientar, começar a basear-se nas pesquisas sobre a prática deliberada. A primeira coisa que essa literatura nos diz é que é necessário ter objetivos claros. Não saber onde se quer chegar dificulta a adoção de ações eficazes. Geoff Colvin, editor da revista *Fortune*, que escreveu um livro sobre a prática deliberada,[7] colocou a questão desta forma em um artigo na *Fortune*: "[A prática deliberada] exige bons objetivos."[8]

Por exemplo, quando perguntamos para um músico como Jordan Tice, existe pouca ambiguidade sobre o que "bom" significa para ele naquele momento. Há sempre uma técnica nova e mais complicada para dominar. Para Alex Berger, a definição de "bom" também estava clara: seus roteiros serem levados a sério. Para dar um exemplo concreto, um dos projetos em que ele estava trabalhando enquanto ainda era um assistente era o desenvolvimento de um roteiro especulativo para ser enviado a agências de talento. Para ele, nessa etapa inicial de aquisição de capital de carreira, "bom" significava ter um roteiro bom o bastante para conseguir um agente. Não havia ambiguidade sobre o que significava ter sucesso nesse objetivo.

Passo 4: Amplie e Destrua

Retornando a Geoff Colvin, no artigo citado acima ele dá o seguinte alerta sobre a prática deliberada:

> *Fazer as coisas, as quais sabemos como fazer bem, é agradável e isso é exatamente o contrário do que a prática deliberada necessita... A prática deliberada é acima de tudo um esforço de enfoque e concentração. É isso que a torna "deliberada" e que a distingue de tocar escalas de qualquer maneira ou de dar tacadas em bolas de tênis que a maioria das pessoas gosta.*

Como explicou Anders Ericsson anteriormente neste capítulo, se você fizer o que lhe disserem para fazer, você alcançará um "nível aceitável" de habilidade antes de atingir um determinado patamar. A boa notícia sobre a prática deliberada é que ela vai levá-lo além desse patamar e em direção a um nível no qual haverá menos competição. A notícia ruim é que a razão pela qual poucas pessoas realizam esse feito é exatamente por causa do aspecto que Colvin nos alertou: a *prática deliberada é com frequência o oposto do agradável.*

Eu gosto do termo "ampliar" para descrever como a prática deliberada se parece, já que ele combina minha própria experiência com a atividade. Quando estou aprendendo uma nova técnica de matemática — um caso clássico de prática deliberada — a sensação desconfortável em minha cabeça é a que mais se aproxima de um esforço físico, como se meus neurônios estivessem fisicamente se reconstruindo com novas configurações. Assim como qualquer matemático admite, essa ampliação de suas habilidades é algo muito diferente do obtido quando você aplica uma técnica que já do-

98   **REGRA 2**   Seja Tão Bom que Eles Não Poderão Ignorar Você

mina e que pode ser algo bastante agradável. Mas essa ampliação, como qualquer matemático também admite, é a precondição para se tornar melhor.

É isso que você deve sentir em sua própria busca pelo "bom". Se não estiver desconfortável, então provavelmente está preso em um "nível aceitável".

No entanto, superar o que é confortável é apenas uma parte da história da prática deliberada, a outra parte é aceitar o feedback sincero — mesmo que isso destrua o que achava que era bom. Como Colvin explica em seu artigo na *Fortune*: "Você talvez ache que sua performance em uma entrevista de emprego tenha sido impecável, mas não é sua opinião a que conta." É muito tentador presumir que o que se fez é bom o bastante e, então, considerá-lo como resolvido, mas é com um feedback honesto, e às vezes severo, que aprendemos em que o enfoque deve ser reciclado para continuar a progredir.

Alex Berger, por exemplo, fez um grande esforço para manter um fluxo constante de feedback. Lembre-se de que durante seu primeiro ano, quando estava seriamente buscando capital de carreira na área de roteirista de televisão, ele vinha trabalhando em dois pilotos: um para o canal VH1 e outro com um produtor que ele conheceu na *National Lampoon*. Nos dois casos, ele estava trabalhando com profissionais que não hesitariam em informá-lo sobre o que estava dando certo, e o que não estava, em seus roteiros. Embora agora ele se descreva como "envergonhado" pela qualidade de seus roteiros para os quais pedia feedback nessa etapa, ele também reconhece que o feedback contínuo e rigoroso que recebia acelerou o crescimento de sua habilidade.

Passo 5: Seja Paciente

Veja como Steve Martin explicou sua estratégia para aprender a tocar banjo, na entrevista de 2007 com o apresentador Charlie Rose: "[Eu pensei que], se continuasse com ele, então um dia o teria tocado por 40 anos e qualquer pessoa que fica com algo por 40 anos será muito boa naquilo."

Para mim, isso é uma demonstração fenomenal de paciência. Aprender banjo estilo *clawhammer* é muito difícil, e por causa disso Steve Martin estava disposto a olhar 40 anos no futuro para ver o resultado — um reconhecimento dos meses frustrantes à frente de trabalho duro e de tocar mal. Em suas memórias, Martin explica essa ideia quando discute a importância do "empenho" para seu êxito no negócio do entretenimento. O interessante é que Steve Martin redefine a palavra, colocando-a menos sobre prestar atenção em sua atividade principal e mais na disposição para ignorar outras atividades que aparecem ao longo do caminho para distraí-lo. O passo final para aplicar a prática deliberada na vida profissional é adotar esse estilo de empenho.

A lógica funciona da seguinte maneira: Adquirir capital de carreira pode levar um tempo. Para Alex, levou cerca de dois anos de prática deliberada séria, antes de seu primeiro roteiro para a televisão ser produzido. Mike Jackson esteve meia década fora da faculdade antes de receber seu capital de carreira para conseguir um emprego dos sonhos.

É por isso que o empenho de Steve Martin é tão importante: sem essa disposição paciente de rejeitar novas e reluzentes atividades, você sabotaria seus esforços antes mesmo de adquirir o capital de carreira de que precisa. Acho a imagem de Martin retornando para seu banjo, dia a dia, por 40 anos, comovente. Ela captura bem o sentimento de como o capital de carreira é exatamente adquirido. Você se esforça, dia a dia, mês a mês, antes de finalmente olhar e perceber: "Olha, eu me tornei muito bom, e as pessoas estão começando a notar isso".

Resumo da Regra 2

A Regra 1 abordou o pensamento convencional sobre como as pessoas acabam amando o que fazem. Ela argumenta que **a hipótese da paixão**, que diz que o segredo para amar seu trabalho é combinar um emprego com uma paixão preexistente, é um mau conselho. Existem poucas evidências de que a maioria das pessoas tenha paixões preexistentes esperando para serem descobertas e acreditar que existe um emprego *certo* e mágico à espreita pode com frequência levar à insatisfação e confusão crônicas, quando a realidade do mundo do trabalho não corresponder a esse sonho.

A Regra 2 foi a primeira a lidar com a pergunta natural subsequente: Se *"seguir sua paixão" é um mau conselho, o que eu deveria fazer então?* Ela também sustenta que as capacidades que definem um trabalho notável são raras e valiosas. Se quer essas características em sua própria vida, você precisa de habilidades raras e valiosas para oferecer em troca. Eu chamei essas habilidades raras e valiosas de **capital de carreira** e notei que a base para construir um trabalho que ama é adquirir um grande reserva desse capital.

Com isso em mente, voltamos nossa atenção para esse processo de aquisição de capital. Argumentei que é importante adotar a **mentalidade do artesão**, na qual você incessantemente foca quais valores está oferecendo ao mundo. Isso está em forte contraste com algo mais comum, que é a **mentalidade da paixão**, em que você foca apenas quais valores o mundo está lhe oferecendo.

Mas, mesmo com a mentalidade do artesão em mente, tornar-se "tão bom que eles não poderão ignorar você" não é algo trivial. Para ajudar esses esforços apresentei o conceito já bem estudado da **prática deliberada**, uma abordagem para trabalhar na qual você deliberadamente amplia suas habilidades além da zona de conforto e, então, recebe feedback implacável sobre seu desempenho. Músicos, atletas e enxadristas sabem tudo sobre a prática deliberada. Um trabalhador do conhecimento, no entanto, não sabe. Essa é uma grande novidade para o trabalhador do conhecimento: se puder introduzir essa estratégia em sua vida profissional, conseguirá ultrapassar seus colegas no que diz respeito à aquisição de capital de carreira.

REGRA 3

Recuse uma Promoção

(Ou a Importância do Controle)

Capítulo Oito

O Elixir do Emprego dos Sonhos

No qual argumento que controle sobre o que se faz, e como o faz, é uma das características mais poderosas que se pode adquirir ao criar o trabalho que se ama.

O Misterioso Apelo da Red Fire

Quando Ryan Voiland se formou em 2000 em uma faculdade de elite, ele não seguiu seus colegas de classe que foram trabalhar em grandes bancos na cidade ou consultoria administrativa. Em vez disso, fez algo inesperado: comprou uma fazenda. A terra de Ryan fica em Granby, Massachusetts, uma cidade pequena com 6 mil habitantes no centro do estado, não muito ao sul de Amherst. A qualidade da terra de Granby não é muito boa — fica muito a leste do rio Connecticut para garantir acesso ao melhor solo do vale do rio —, mas mesmo assim Ryan ainda conseguia colher uma variedade de frutas e vegetais daquele seu pedaço de chão. Ele chamou essa incipiente atividade de Fazenda Red Fire.

Quando estive lá, em maio de 2011, para passar um dia na Red Fire, Ryan, que agora trabalha com sua esposa, Sarah, tinha 28 hectares de cultivo de produtos orgânicos. A maior parte da renda da Red Fire vem do programa Comunidade de Suporte à Agricultura (CSA) em que os associados pagam para compartilhar da produção da fazenda no começo da estação de cultivo e depois recolhem seus produtos todas as semanas nos estandes de distribuição em todo estado. Em 2011, o programa tinha aproximadamente 1.300 participantes e estava começando a rejeitar pessoas — havia mais demanda do que poderiam atender.

Ou seja, a Fazenda Red Fire é um sucesso, mas não foi isso que me levou a Granby. Eu me organizei para passar um dia com Ryan e Sarah por um motivo mais pessoal. Queria descobrir por que o estilo de vida deles era tão atraente.

Para deixar claro, não sou o único fascinado pela Red Fire. Trata-se de uma fazenda com fãs. Quando Ryan e Sarah organizam eventos especiais durante o ano — por exemplo, um jantar para comemorar a colheita de morangos no verão ou seu festival de abóbora no outono — rapidamente eles vendem tudo. Durante minha última visita, entreouvi uma mulher de meia-idade dizer a uma amiga: "Eu simplesmente *amo* Ryan e Sarah" — e tenho certeza que na verdade elas nunca os conheceram pessoalmente. A *ideia* de Ryan e Sarah, e o que o estilo de vida deles representa, foram suficientes para atraí-las até Granby.

Claro que esse apelo vai além da Red Fire. O sonho de deixar para trás uma rotina competitiva e começar uma fazenda ou viver em harmonia com a terra é a fantasia permanente do funcionário preso em um escritório. Por exemplo, nos últimos anos o *New York Times* foi generoso com a história dos ex-banqueiros que partiram para Vermont para começarem a cultivar a terra (histórias que geralmente acabam com o banqueiro voltando de fininho para casa com o chapéu manchado de lama na mão.) Algo sobre trabalhar ao ar livre, com o sol nas costas, sem telas de computador em sua frente é inegavelmente atraente. *Mas por quê?*

Essa pergunta me motivou a visitar a Red Fire. Seria improvável eu me mudar para o interior, mas se pudesse isolar as características subentendidas que me atraíram para esse estilo de vida, pensei então, talvez pudesse agregar algumas dessas características à minha própria vida na cidade. Ou seja, descobrir essa atração tornou-se um objetivo fundamental da minha busca por compreender como as pessoas acabam amando o que fazem. Então escrevi para Ryan e Sarah e perguntei se podia acompanhá-los por um dia. Eles concordaram. Coloquei o notebook na mochila, tirei a poeira das minhas botas e dirigi rumo ao oeste de Boston. Eu estava em uma missão para decifrar o segredo da Red Fire.

Decifrando o Segredo de Red Fire

Logo no começo da visita, me juntei a Ryan e Sarah para um almoço na casa da fazenda. A cozinha deles era pequena, mas bem utilizada, cheia de livros de receitas e com potes de ervas, todos com etiquetas escritas a mão. Eles serviram sanduíches abertos de feijão em um pão local de nove grãos coberto com cheddar bem abundante. Conforme a gente comia, perguntei a Ryan como ele se tornou um agricultor em tempo integral. E imaginei que, se quisesse entender o que fez a vida dele ser atraente hoje, precisava primeiro entender como ele chegou lá.

Como você viu nas Regras 1 e 2 deste livro, neste ponto da minha busca eu desenvolvi uma teoria não convencional de como as pessoas acabam amando o que fazem. Eu disse na Regra 1 que

REGRA 3 Recuse uma Promoção

"seguir sua paixão" é um mau conselho, já que a maioria das pessoas não tem paixões preexistentes esperando para serem descobertas e combinadas com um emprego. Na Regra 2, afirmei que as pessoas com carreiras fascinantes começam sendo boas em algo raro e valioso — construindo o que chamo de "capital de carreira" — e, então, convertendo esse capital em características que tornam notável um trabalho. Com esse entendimento, encontrar o *trabalho certo* tem menos importância do que *trabalhar certo*. Quando Ryan me contou sua história durante o almoço, fiquei satisfeito em perceber que sua vida oferece um genial estudo de caso dessas ideias em ação.

Para começar, enfatizarei que Ryan não *seguiu* sua paixão ao se tornar agricultor. Em vez disso, como muitas pessoas que acabam amando o que fazem, ele entrou na profissão sem querer e, então, descobriu que sua paixão pelo trabalho crescia junto com sua expertise. Ryan cresceu em Granby, mas não em uma família de agricultores. "Quando criança eu tive pouco contato com crescimento profissional", explicou ele. No ensino fundamental, Ryan foi atraído por um interesse universal: ganhar um dinheiro extra. Essa tendência empreendedora o levou a uma série de projetos, desde entregar jornais até coletar latas para o centro de reciclagem local. Contudo, avançou nos negócios quando começou a colher mirtilos silvestres e vendê-los. "Eu colocava uma barraca perto da estrada", contou-me ele, "e foi assim que comecei minha primeira barraca de frutas". Então, ele descobriu que essa era uma boa maneira de ganhar dinheiro.

Ryan progrediu da venda dos mirtilos silvestres colhidos para a venda de produtos extras vindos do jardim da casa dos seus pais. Visando aumentar a renda, pediu aos pais para que o deixassem tomar conta do jardim. "Meu pai estava mais do que feliz com esse acordo", lembra ele. Foi aqui que Ryan decidiu levar a sério a aquisição de capital de carreira. "Eu li tudo sobre cultivo; poderia colocar minhas mãos em zilhões de coisas diferentes", disse-me ele. Logo, ele expandiu o jardim dos pais para quase todo o quintal, trazendo compostagem em um caminhão para aumentar a produção.

Na época em que Ryan estava no ensino médio, ele alugava quatro hectares de um agricultor local e contratava ajudantes de meio período durante a colheita do verão. Conseguiu um empréstimo do Departamento de Agricultura de Massachusetts para financiar a compra de um trator velho e assim expandir os negócios além da barraca de frutas, para vender também nos mercados de agricultores e para um pequeno número de clientes atacadistas. Depois de se formar no ensino médio, Ryan foi para a faculdade de agronomia Cornell a fim de aprimorar ainda mais suas habilidades com um diploma em horticultura de frutas e vegetais. Nos fins de semana, voltava para casa para manter saudáveis seus campos alugados.

Veja o que me impressionou na história de Ryan: ele não decidiu, simplesmente, em um belo dia, que era apaixonado por produtos agrícolas e, então, corajosamente, foi para o interior começar a cultivar. Em vez disso, em 2001, na época em que mergulhou de cabeça na agricultura em tempo integral, quando comprou sua primeira terra, ele estava meticulosamente adquirindo capital de carreira relevante para quase uma década. E isso pode ser menos atraente do que o sonho de um dia desistir do emprego e acordar no dia seguinte com o galo cantando, mas combina com o que eu consistentemente descobri enquanto pesquisava as duas regras anteriores: você tem que melhorar antes de esperar por um emprego melhor.

110   **REGRA 3**   Recuse uma Promoção

Quando o almoço terminou, eu tinha aprendido a história da Red Fire, mas ainda não estava claro o que exatamente tornou sua existência algo tão atraente. Tão logo deixamos a cozinha para conhecer a fazenda, uma ideia começou a surgir. Percebi que, conforme Ryan explicava sobre suas colheitas, muito da sua circunspecção inicial se desfazia. Ryan é tímido. Quando ele fala para uma multidão, tende a apressar suas frases para terminá-las logo, como se ficasse com medo de ser interrompido. Mas assim que ele começou a falar de suas estratégias de agricultura, explicando a diferença entre solos arenosos e argilosos, por exemplo, ou sua nova estratégia para arrancar as ervas daninhas do canteiro de cenouras, sua timidez deu lugar ao entusiasmo de um artesão que sabe o que está fazendo e tem o privilégio de colocar seu conhecimento no trabalho.

Eu notei um entusiasmo semelhante em Sarah, quando ela falou sobre seus esforços para administrar a imagem pública da fazenda e o programa CSA. Quando Sarah uniu-se a Ryan em Granby em 2007, ela já era uma defensora tanto da agricultura orgânica quanto da agricultura apoiada pela comunidade. Ela tinha estudado política ambiental na Vassar, onde se deparou com o projeto agrícola CSA da faculdade na cidade de Poughkeepsie. Inspirada, depois de se formar, começou seu próprio programa em escala menor do CSA, nas proximidades de Stafford Springs, em Connecticut. Juntar-se à Red Fire deu a Sarah a oportunidade de promover essa crença em uma escalar maior — um desafio que claramente ela aprecia.

Isso me fez perceber o que faz o estilo de vida da Red Fire ser tão atraente — o *controle*. Ryan e Sarah investiram seu (amplo) capital de carreira em ganhar controle sobre o que eles fazem e como fazem. A vida profissional deles não é fácil — se eu aprendi alguma coisa na minha visita à Red Fire, é que agricultura é uma atividade complicada e estressante —, mas quem conduz suas vidas são eles mesmos, e são bons nisso. Ou seja, o apelo da Red Fire não consiste em trabalhar ao ar livre sob o sol; aprendi que para os agricultores o clima é algo para se combater, não para aproveitar. E também não se trata de ficar longe da tela do computador: Ryan passa todo o inverno em planilhas do Excel planejando suas colheitas, enquanto Sarah fica uma boa parte de cada dia administrando as operações da fazenda no computador do escritório. É na verdade a autonomia que atrai os fãs de Granby: Ryan e Sarah vivem uma vida significativa e em seus próprios termos.

Como argumentarei a seguir, controle não é a base da atratividade de Ryan e Sarah, mas acaba sendo uma das características universalmente mais importantes que é possível adquirir com seu capital de carreira, algo tão poderoso e essencial na busca do trabalho que você ama que comecei a chamá-lo de *elixir do emprego dos sonhos*.

O Poder do Controle

Ryan e Sarah têm muito controle em suas vidas profissionais e é isso que torna o estilo de vida da Red Fire tão atraente. Mas o apelo do controle não está limitado aos agricultores. Décadas de pesquisas científicas identificaram essa característica como uma das mais importantes para alcançar uma vida mais significativa, mais feliz e mais bem-sucedida. O livro bestseller de Dan Pink, *Drive*, de 2009, por exemplo, avalia as diversas maneiras pelas quais se descobriu que o controle melhora a vida das pessoas.[1] Como Pink resume em seu livro, mais controle leva a melhores notas, melhor desempenho esportivo, melhor produtividade e mais felicidade.

Em um dos estudos mencionados no livro de Daniel Pink, pesquisadores da Cornell acompanharam mais de 300 pequenas empresas, metade das quais focava dar controle aos empregados e a outra metade, não. As empresas centradas no controle cresceram quatro vezes mais que as outras. Em outro estudo, que descobri durante minha própria pesquisa, dar autonomia a professores do ensino médio em um bairro com uma escola difícil não apenas aumentou a taxa de professores que são promovidos, mas também, para a surpresa dos pesquisadores, reverteu a tendência de queda de desempenho dos estudantes.[2]

Se quer observar de perto o poder do controle no ambiente de trabalho, procure por empresas que aderem a uma nova filosofia radical chamada Ambiente de Trabalho Apenas com Resultados (ROWE). Em uma empresa ROWE, tudo o que importa são os resultados. Quando você aparece para trabalhar ou quando sai, quando tira férias e quantas vezes olha o e-mail são coisas irrelevantes. Eles deixam que os funcionários descubram o que funciona melhor para fazer as coisas importantes. "Sem resultados, sem emprego: simples assim", como gostam de dizer os apoiadores do ROWE.

Se você ler os casos de negócios do ROWE disponíveis online, encontrará muitos exemplos de funcionários emancipados pelo controle.[3] Por exemplo, na sede corporativa da Best Buy, as equipes que implementaram o ROWE viram suas taxas de evasão caírem 90%. "Eu adoro o ambiente do ROWE... me faz sentir que estou no controle do meu destino", disse um dos funcionários da Best Buy.

O *Elixir do Emprego dos Sonhos*

Na sede da Gap, funcionários em um estudo piloto do ROWE tiveram seus desempenhos e níveis de felicidade melhorados. "Nunca vi meus funcionários mais felizes", disse um dos gerentes. Já em uma empresa sem fins lucrativos em Redlands, na Califórnia — a primeira empresa sem fins lucrativos a adotar o ROWE — 80% dos funcionários disseram sentir-se mais comprometidos, enquanto 90% acharam que o ROWE melhorou a vida deles. Isso chega o mais perto possível da concordância universal em um ambiente de trabalho. E esses são apenas alguns exemplos dentre muitos.

Quanto mais tempo você passa lendo a literatura da pesquisa, mais ela se torna clara: **Dar às pessoas mais controle sobre o que fazem e como o fazem aumenta sua felicidade, comprometimento e senso de satisfação.** Então, não é de se admirar que, quando você folheia seu arquivo mental de empregos dos sonhos, o controle frequentemente esteja no centro desse apelo. No decorrer da Regra 3, por exemplo, você conhecerá pessoas em uma variedade de áreas diferentes que utilizaram com eficácia o controle para criar a vida profissional que amam. Entre elas estão um programador de computador freelancer, que deixa de trabalhar para aproveitar os dias ensolarados, um médico residente que tirou uma licença de dois anos de seu programa de residência de elite para começar uma empresa, e um famoso empreendedor que desistiu de seus milhões e vendeu o que tinha para adotar uma existência livre e de viajante pelo mundo. Todas essas pessoas são exemplos de ótimas vidas, e como verá todas usaram o controle para criá-las.

Resumindo, caso sua meta seja amar o que faz, seu primeiro passo é adquirir capital de carreira. E seu próximo passo é investir esse capital nas características que definem um ótimo trabalho.

Controle é um dos objetivos mais importantes que você pode escolher para investir seu capital. No entanto, adquirir controle pode ser complicado. É por isso que dediquei o restante da Regra 3 a esse objetivo. Nos capítulos a seguir, vocês me acompanharão em minha busca para descobrir mais sobre essa característica mutável.

Capítulo Nove

A Primeira Armadilha do Controle

*No qual eu apresento **a primeira armadilha do controle**, que alerta que é perigoso buscar mais controle em sua vida profissional antes de ter um capital de carreira para oferecer em troca.*

A Visão Aventureira de Jane

Jane entende qual é a importância do controle. Ela era uma estudante talentosa que ganhou as melhores notas em seus testes padronizados e que estudou em uma universidade competitiva, mas ela também estava insatisfeita por ter seguido um caminho tradicional: cursar uma faculdade para conseguir um emprego estável e bem pago. A visão que ela tinha para sua vida era mais exótica. Como atleta amadora, que certa vez atravessou o país de bicicleta em prol de questões filantrópicas e competiu no triatlo Ironman, ela visualizava um futuro mais aventureiro. A cópia do plano de vida que ela me enviou inclui circunavegar os oceanos do mundo e viajar em veículos sem motor por todos os continentes. "Austrália (com um monociclo?)... Antártica (em um trenó puxado por cães?)." Na lista há também outros objetivos excêntricos, tais como sobreviver na natureza selvagem "sem ferramentas ou equipamentos" por um mês, e aprender a tornar-se uma cospe fogo de circo.

Para financiar essa vida cheia de aventuras, o seu plano pede, vagamente, para ela "desenvolver um conjunto de sites de baixa manutenção que periodicamente lucrem o bastante para apoiar as metas da lista". Seu objetivo era conseguir uma renda de até de US$3 mil por mês, que ela calculava ser suficiente para cobrir suas despesas básicas. Mais à frente, ela planejava alavancar essas experiências para "criar uma empresa sem fins lucrativos para desenvolver minha visão de saúde, potencial humano e de uma vida bem vivida".

À primeira vista, Jane pode lembrá-los de Ryan e Sarah da fazenda Red Fire. Jane reconheceu que ganhar controle sobre sua vida simplesmente supera ganhar mais dinheiro ou prestígio. Assim como Ryan trocou seu diploma pela agricultura, esse reconhecimento deu a ela a coragem de sair do caminho de uma carreira segura para buscar uma existência mais atraente. Mas, diferentemente de Ryan e Sarah, os planos de Jane falharam. Logo após nos conhecermos, ela revelou que seu comprometimento com o controle já a tinha feito tomar uma decisão extrema: *desistir da faculdade*. Não levou muito tempo para ela entender que só porque se está comprometido com um determinado estilo de vida não quer dizer que encontrará pessoas comprometidas em apoiar *você*.

"O problema atual é a independência financeira", disse-me ela. "Depois de desistir da faculdade, comecei vários negócios e iniciei projetos freelance e de blogs, mas perdi a motivação para continuar antes que resultados substanciais aparecessem." Um desses experimentos, um blog que ela esperava que fosse a base de seu império de geração de renda recorrente, teve apenas três postagens em nove meses.

Jane descobriu uma dura verdade sobre o mundo real: é muito difícil convencer as pessoas a lhe darem dinheiro. "Eu concordo que seria ideal continuar a desenvolver minha visão", admitiu ela. "Mas eu também preciso de dinheiro para comer." Sem ao menos um diploma universitário, encontrar esse dinheiro estava sendo difícil. Acontece que um compromisso com um trenó de cães pela Antártica não cai bem em um currículo.

Controle Requer Capital

Controle é sedutor. Como descobri na Fazenda Red Fire, essa característica define o tipo de emprego dos sonhos que mantém os "trabalhadores de escritório" acordados à noite. Foi esse apelo que convenceu Jane a deixar sua vida confortável de estudante para buscar aventuras. Porém, ao fazer isso, ela caiu em uma armadilha que ameaça muitos em suas buscas por controle:

A Primeira Armadilha do Controle

Controle adquirido sem capital de carreira não é sustentável.

Na Regra 2, eu apresentei a ideia de que o capital de carreira é a base para criar o trabalho que você ama. Primeiro é preciso gerar esse capital tornando-se bom em algo que seja raro e valioso, para entāo investi-lo em características que ajudem a tornar um trabalho em algo notável. No capítulo anterior, expliquei que controle é uma das características mais valiosas para se investir. Jane reconheceu apenas a segunda parte dessa explicação, ou seja, que o controle é poderoso. Mas ela infelizmente pulou a primeira parte — é preciso algo valioso para oferecer em troca dessa característica poderosa. Jane tentou ganhar controle sem nenhum capital de carreira para oferecer em troca e acabou com uma mera sombra do que é a autonomia real. Por outro lado, Ryan, da Fazenda Red Fire, evitou essa armadilha construindo uma década de capital de carreira relevante antes de mergulhar na agricultura em tempo integral.

Essa armadilha pode parecer familiar, já que vimos, anteriormente, um exemplo disso na Regra 2, quando contei a história de Lisa Feuer. Como deve se lembrar, Feur desistiu de sua carreira em publicidade e marketing para começar um negócio de aulas de ioga, mesmo que seu único treinamento de ioga tenha sido de um curso de certificação de um mês. Assim como Jane, ela foi tentar obter mais controle *sem* capital de carreira para dar em troca. E, também como Jane, esse caminho logo tomou uma direção difícil: em menos de um ano, Feuer estava na fila do auxílio alimentação.

Quanto mais eu estudava exemplos de controle, mais encontrava pessoas que tinham cometido esse mesmo erro. A história de Jane, por exemplo, é apenas uma das muitas provenientes da crescente comunidade de design de estilo de vida. Esse movimento argumenta que você não tem que viver sua vida pelas regras das outras pessoas. Ele encoraja seus seguidores a modelarem seus próprios caminhos pela vida — de preferência um que seja emocionante e agradável de viver. É fácil encontrar exemplos dessa fi-

A *Primeira Armadilha do Controle*

losofia em ação, porque muitos dos seus discípulos têm blogs sobre suas façanhas

Claro que, em alto nível, não há nada de errado com essa filosofia. O autor Timothy Ferris, que cunhou o termo "design de estilo de vida" é um exemplo fantástico das coisas boas que esse jeito de abordar a vida pode gerar (Ferris tem capital de carreira mais do que suficiente para dar respaldo a sua existência cheia de aventuras). Mas, se passar um tempo navegando em blogs de designers de estilo de vida menos conhecidos, perceberá os mesmos sinais vermelhos repetidas vezes. Uma fração desanimadoramente grande desses contestadores, como Jane, pulou a parte em que eles desenvolvem um meio estável para sustentar seus estilos de vida não convencionais. Eles acreditam que ter coragem para buscar controle é o que importa, enquanto todo o resto é apenas um detalhe que facilmente pode ser resolvido.

Um dos blogueiros que encontrei, para dar mais um exemplo dentre muitos, desistiu do emprego aos 25 anos de idade: "Eu estava cansado de viver uma vida convencionalmente 'normal', trabalhando 9 horas por dia, 5 dias por semana para alguém [e] não tendo tempo nem dinheiro para ir atrás de minhas verdadeiras paixões… então embarquei em uma cruzada para mostrar a você e ao resto do mundo como uma pessoa comum… pode construir um negócio do zero para sustentar uma vida dedicada a viver 'O Sonho'." O "negócio" a que ele se refere, como é o caso de muitos designers de estilo de vida, era seu blog sobre ser um designer de estilo de vida. Em outras palavras, o seu único produto era o seu entusiasmo por não ter uma vida "normal". Não precisa ser um economista para perceber que não há valor real escondendo-se por lá. Ou, em nossa terminologia, o entusiasmo por si só não é algo raro e valioso e, portanto, não vale muito em termos de capital de carreira. Esse designer de estilo de vida estava investindo em uma característica valiosa, mas não tinha meios para financiá-la.

Por incrível que pareça, as coisas começaram a ficar sombrias para o blog de nosso amigo. Depois de três meses de várias postagens semanais sobre como bancar uma vida não convencional por meio do blog — mesmo que ele não estivesse ganhando nenhum dinheiro com ele —, algumas frustrações apareceram em suas postagens. Em uma delas, ele diz, com uma irritação evidente: "O que percebi é que [os leitores] vêm e vão. Tenho trabalhado duro, escrito postagens de qualidade e encontrado pessoas incríveis... mas infelizmente muitos de vocês vêm e vão. Isso é tão frustrante quanto tentar encher um balde cheio de furos." Então ele começa a detalhar seu plano com dez pontos para construir um público mais estável. O plano inclui passos tais como: "2. Levar ENERGIA" e "4. Encher seus leitores de reconhecimento"; mas a lista não incluía o passo mais importante de todos: dar aos leitores conteúdo pelo qual estivessem dispostos a pagar. Algumas semanas mais tarde, as postagens no blog pararam. Na época em que encontrei o blog, não havia uma única postagem nova há mais de quatro meses.

Essa história mostra outro exemplo claro da primeira armadilha do controle: se você adotar o controle sem capital de carreira, talvez termine como Jane, Lisa ou nosso frustrado designer de estilo de vida — aproveitando toda a autonomia que obteve, mas sem conseguir pagar pela sua próxima refeição. Mas essa primeira armadilha acaba sendo apenas a metade da história do porquê o controle pode ser uma característica complicada de adquirir. Como detalharei no próximo capítulo, mesmo depois que você tem o capital de carreira necessário para adquirir controle real, as coisas continuam difíceis, pois é nesse exato momento que as pessoas começam a reconhecer seu valor e a criar obstáculos para mantê-lo entrincheirado em um caminho de menor autonomia.

Capítulo Dez

A Segunda Armadilha do Controle

*No qual apresento **a segunda armadilha do controle**, que alerta que, uma vez tendo capital de carreira suficiente para adquirir mais controle em sua vida profissional, você se torna valioso o suficiente para seu empregador e as pessoas lutarão contra seus esforços para ganhar mais autonomia.*

Por que Lulu Continua Recusando Promoções

Lulu Young é uma desenvolvedora de software e adora o que faz. Ela mora em Roslindale, nos arredores de Boston, em um duplex lindamente reformado. Quando a encontrei em um dia chuvoso da primavera de 2011 para conversarmos sobre trabalho e controle, ela precisou de pouco incentivo antes de mergulhar em uma das autobiografias mais detalhadas que já encontrei em minha busca. Posso dizer, por exemplo, que ela obteve 5 no teste de química AP no ensino médio e que a conquista do primeiro emprego envolveu um encontro casual com um antigo empregador da Bertucii em Wellesley Hill. Veja o que escrevi em minhas anotações no começo da entrevista: "Esta é uma pessoa que refletiu *muito* em sua carreira."

Evidentemente esse poder de reflexão valeu a pena, já que Lulu acabou sendo uma das participantes mais confiantes e satisfeitas que encontrei em minhas entrevistas. No centro dessa satisfação está o controle. Ao longo de sua carreira, Lulu repetidamente lutou para ganhar mais liberdade em sua vida profissional, às vezes para a surpresa e desalento de seus empregadores e amigos. "As pessoas me dizem que não faço as coisas como as outras fazem", falou Lulu. "Mas eu digo a elas: 'não sou as outras pessoas.'"

Ela venceu essas batalhas, como verificaremos, porque era cautelosa em relação à primeira armadilha do controle, descrita no capítulo anterior. Isso é, ela sempre garantia ter capital de carreira suficiente para apoiá-la antes de apresentar uma tentativa por mais controle. Essa é uma das principais razões para contar sua história: ela se constitui em um ótimo exemplo de controle feito da maneira certa.

O primeiro emprego de Lulu depois de se formar em matemática pela faculdade Wellesley foi no degrau inicial da carreira de desenvolvimento de software: ela trabalhava em controle de qualidade, um termo sofisticado para quem testa softwares.

"Portanto, seu trabalho era, por exemplo, colocar um texto em negrito e, então, se certificar que aquilo funcionava?", perguntei-lhe, à medida que me explicava seu primeiro trabalho. "Opa, não exageremos na quantidade de responsabilidades que me deram!", respondeu ela brincando.

Aquele não era um grande emprego. Na verdade, não era nem mesmo um emprego satisfatório. Foi aí que Lulu poderia ter caído facilmente na primeira armadilha do controle: sentir-se preso em um emprego chato é exatamente o ponto em que arriscar para

A *Segunda Armadilha do Controle* 125

abrir seu próprio caminho não conformista se torna atraente. Em vez disso, ela decidiu adquirir o capital de carreira necessário para conseguir algo melhor.

As coisas aconteceram como se segue: Lulu começou a explorar o sistema operacional UNIX que executava o software da empresa. No fim, ela aprendeu sozinha a criar scripts que automatizavam os testes, dessa forma economizando dinheiro e tempo da empresa. Suas inovações chamaram a atenção e, após alguns poucos anos, ela foi promovida à engenheira de controle de qualidade sênior.

A essa altura, Lulu tinha desenvolvido um acervo legítimo de capital de carreira, então ela decidiu ver o que poderia comprar com ele. Para recuperar alguma autonomia, depois de uma sucessão de chefes controladores que a tinham atormentado, ela solicitou uma jornada de 30 horas semanais, assim poderia fazer um curso de filosofia na Tufts. "Eu poderia ter pedido menos horas, mas 30 era o mínimo para que eu ainda recebesse todos os meus benefícios", explicou ela. Se Lulu tivesse tentado fazer isso durante seu primeiro ano de trabalho, seus chefes teriam dado risada e provavelmente lhe oferecido uma "jornada de zero horas por semana", mas na época em que pediu ela tinha se tornado engenheira sênior e estava liderando as atividades de automação de testes e, na verdade, eles não poderiam dizer não.

Após obter seu diploma, Lulu saiu da empresa e levou com ela suas habilidades em automação de controle de qualidade para uma startup nas proximidades que tinha acabado de ser comprada por uma grande empresa. "Eu tinha um escritório espaçoso com três computadores", lembra ela. "Toda semana a gerente do escritório passava para anotar nossos pedidos de doces. Você dizia a ela qual doce ia querer e ele apareceria na sua mesa... eu me diverti muito."

Depois de muitos anos, a matriz da startup decidiu fechar o escritório na área de Boston, então Lulu, que tinha comprado uma casa recentemente, decidiu que era hora de fazer algo diferente. Quando voltou ao mercado de trabalho, obteve várias ofertas, incluindo a de gerenciar o grupo de controle de qualidade de uma grande empresa. Isso teria sido uma grande promoção para Lulu: mais dinheiro, mais poder e mais prestígio; o próximo passo para se tornar vice-presidente executiva.

Lulu recusou. Em vez disso, aceitou uma oferta para trabalhar em uma startup com sete pessoas, fundada pelo namorado de uma velha amiga de faculdade, que aproveitou a chance para contratar alguém com habilidades comprovadas. "Eu não entendia realmente o que eles faziam e não estava certa que eles soubessem", contou-me ela. Mas foi exatamente isso que chamou a atenção de Lulu. Lidar com algo novo em folha, e que não tinha um plano já detalhado, parecia interessante — uma atividade na qual ela teria muito a dizer sobre o que fez e como fez.

Na época em que essa empresa foi comprada, em 2001, Lulu era a principal desenvolvedora de software. Em razão desse capital de carreira, quando ela começou a se aborrecer com os regulamentos dos novos proprietários — por exemplo, norma de vestuário e insistir que todos os funcionários trabalhassem entre as 9h e 17h horas — ela conseguiu exigir (e receber) três meses de licença. "Não haverá nenhum meio de entrar em contato comigo nesse período", ela disse para os novos chefes. A licença também acabou sendo uma desculpa de treinar sua equipe para trabalhar sem ela. Assim que a licença terminou, Lulu saiu da empresa e, em uma tentativa de obter mais controle, tornou-se uma desenvolvedora de software freelance. Nesse momento, suas habilidades eram tão valiosas que encontrar clientes não era problema. E, o mais importante, trabalhar como contratada deu a ela extrema flexibilidade na forma como executava seu trabalho. Ela poderia viajar por três ou quatro semanas quando sentia vontade de dar um tempo. "Se o clima estivesse bom em uma sexta-feira", contou-me ela, "eu tiraria o dia de folga para voar" (ela tinha obtido sua licença de piloto nesse período). A hora em que ela começava a trabalhar, ou terminava, ficava a critério dela. "Em muitos desses dias levava meus sobrinhos para passear e nos divertíamos. Eu ia a museus para crianças e zoológicos provavelmente mais do que qualquer outra pessoa na cidade", lembra ela. "Eles não podiam me impedir de fazer essas coisas, já que eu era apenas uma contratada."

Eu entrevistei Lulu no começo de uma tarde em um dia de semana, e o tempo parecia não importar de forma alguma. "Um minuto, vou ver se o Skype está desligado pois assim ninguém me incomodará", disse-me ela, assim que cheguei. Tirar uma tarde de folga para uma entrevista, sem mais nem menos, não é o tipo de decisão que ela poderia tomar se tivesse seguido o caminho de uma carreira tradicional para ser vice-presidente, acionista, dirigindo um Porsche e sofrendo de úlcera. Mas, novamente, vice-presidentes e acionistas dirigindo Porsches e sofrendo de úlcera provavelmente aproveitam a vida bem menos que Lulu.

Controle Gera Resistência

A história de Lulu, como mencionei anteriormente, é um exemplo de controle feito da maneira certa. Assim como Ryan e Sara, da Fazenda Red Fire, a carreira dela é atraente porque ela injetou controle sobre o que faz e como o faz. E também como Ryan e Sarah ela teve sucesso nesse esforço em que outros falharam — por exemplo, a Jane do último capítulo — por sempre ter certeza de que tinha o capital de carreira necessário para alcançar autonomia.

No entanto, espreitando essa história, há um perigo escondido. Apesar da carreira de Lulu ter sido autodirigida de forma satisfatória, o caminho para adquirir essa liberdade gerou conflitos. Quase todas as vezes que investia seu capital de carreira para obter mais controle, ela também encontrava resistência. Quando alavancou seu valor para obter uma jornada de 30 horas no primeiro emprego, por exemplo, seu empregador não pôde dizer não (ela estava fazendo com que eles poupassem muito dinheiro), mas eles não gostaram. Foi preciso coragem para Lulu insistir nessa exigência. Igualmente, quando ela rejeitou uma promoção importante para assumir uma posição mal definida em uma startup com sete funcionários, as pessoas em sua vida não entenderam.

"Você tinha acabado de comprar uma casa", lembrei a ela. "Recusar um emprego tão importante para trabalhar com uma empresa desconhecida requer muita coragem."

"As pessoas acharam que eu estava enlouquecendo", concordou ela. Sair dessa startup depois que ela foi comprada foi igualmente difícil. Lulu estava hesitante em me dar detalhes, mas ficou subentendido que seu valor era tão alto para a empresa que seus novos donos tentaram todas as táticas que puderam para mantê-la a bordo. E, finalmente, sua transição para freelance também teve suas próprias dificuldades. Seu primeiro cliente queria muito contratá-la para trabalhar em tempo integral em um projeto, mas ela recusou. "Eles realmente não queriam uma contratada", lembra ela, "mas não tinham ninguém que poderia fazer esse tipo de trabalho, então não tiveram escolha a não ser concordar".

Quanto mais eu conhecia pessoas que implementaram com sucesso o controle em suas carreiras, mais ouvia histórias semelhantes de resistência de seus empregadores, amigos e famílias. Outro exemplo é alguém que chamarei de Lewis, que é residente em um conhecido programa de cirurgia plástica combinada, que é possivelmente a residência médica mais competitiva. Depois de três anos nessa residência, ele começou a se irritar com as burocracias do hospital. Quando o encontrei para um café, ele me deu um exemplo claro das frustrações da vida de um médico moderno.

"Uma vez eu recebi um paciente na sala de emergência que estava com o peito aberto, porque tinha sido esfaqueado no coração", contou-me ele. "Eu estava na maca, massageando o coração dele com minhas mãos enquanto ele era levado para o centro cirúrgico. Nós chegamos e obviamente esse cara precisava de uma transfusão de sangue porque tinha um buraco no coração.

"'Onde está o sangue?'", perguntei.

"'Nós não podemos dar a você', respondeu o técnico. 'Você não fez o registro quando entrou' — lembre-se que eu literalmente estava com o coração dessa pessoa na minha mão quando entramos por aquelas portas — e eu fiquei pensando: 'Vocês só podem estar brincando comigo.'"

Aquele paciente morreu na sala de cirurgia. Ele provavelmente ainda teria morrido mesmo que tivesse recebido a transfusão de sangue, mas a questão é que esse era exatamente o tipo de experiência que destrói a autonomia e que estava corroendo Lewis. Ele ansiava por mais controle em sua vida, então fez algo inesperado: tirou dois anos de licença do programa de residência para começar a desenvolver uma empresa que cria ferramentas de educação médica online.

Quando você pergunta para Lewis porque ele quis começar uma empresa, ele mostra um quadro atraente. "Uma coisa com a qual muitas pessoas lutam na minha área é que elas têm muitas ideias, mas não sabem como realizá-las." Em sua visão, ele seria um médico, mas também seria o cofundador dessa empresa que ele continuaria a administrar sem a necessidade de sua supervisão diária. E, conforme fosse tendo ideias sobre educação médica, um interesse seu, ele transmitiria essas ideias à equipe da empresa para que fossem transformadas em realidade.

"Digamos que eu tenha uma ideia de um jogo que poderia ajudar estudantes de medicina a aprender algum novo conceito", disse-me ele, quando pedi um exemplo. "Eu poderia entrar em contato com a minha equipe e dizer: 'Façam isso acontecer.'" Para Lewis, há uma grande sensação de satisfação em "criar algo que realmente funcione" e essa empresa lhe ofereceria essa oportunidade.

Mas, assim como Lulu, uma vez que Lewis adquiriu a expertise médica para financiar com sucesso a empresa, ele se tornou valioso o suficiente para seus empregadores, que não queriam que ele fosse embora. Ele foi a primeira pessoa nos dez anos desse programa de cirurgia plástica combinada que solicitou uma licença no meio da residência. "Eles me perguntaram: 'Por que você está fazendo isso!?'", lembra ele. Não foi uma transição fácil de fazer. Contudo, quando conheci Lewis, os dois anos de licença estavam quase acabando. Durante esse tempo, sua empresa progrediu de uma ideia para uma empresa bem capitalizada com um produto carro-chefe popular (uma ferramenta que ajuda estudantes de medicina a se preparem para os exames) e uma equipe em tempo integral que manterá as coisas acontecendo quando ele precisar retornar para concluir sua residência. Lewis estava claramente feliz sobre sua decisão de lutar por algo diferente —, mas não tinha sido fácil.

Essa é a ironia do controle. Quando ninguém se importa com o que faz de sua vida profissional, possivelmente significa que você não tem capital de carreira suficiente para fazer algo interessante. Mas, uma vez que você tem esse capital, assim como descobriram Lulu e Lewis, você se torna valioso o suficiente para que seu empregador resista a seus esforços. E cheguei à conclusão que essa é a segunda armadilha do controle:

A Segunda Armadilha do Controle

O momento em que você adquire capital de carreira suficiente para ter um controle significativo sobre sua vida profissional é exatamente o momento em que você se torna valioso o suficiente para que seu atual empregador tente impedir que você faça a mudança.

132   **REGRA 3**   Recuse uma Promoção

Pensando bem, essa segunda armadilha faz sentido. Adquirir mais controle de sua vida profissional é algo que beneficia *você*, mas provavelmente não beneficia diretamente seu empregador. Reduzir a jornada de trabalho para 30 horas por semana, por exemplo, ofereceu a Lulu a liberdade de um ambiente de trabalho que ficava cada vez mais sufocante. Mas, do ponto de vista do empregador, trata-se de uma simples perda de produtividade. Em outras palavras, na maioria dos empregos *espera-se* que o empregador resista a sua atitude para obter mais controle. Eles possuem todos os incentivos para tentar convencê-lo a reinvestir seu capital de carreira na empresa deles, oferecendo mais dinheiro e prestígio em vez de mais controle e essa pode ser uma proposta difícil de resistir.

Coragem Revisitada

De volta à Regra 2, em que desdenhei da "cultura da coragem". Esse foi meu termo para o crescente número de autores e analistas online que promovem a ideia de que a única coisa entre você e o emprego dos sonhos é criar coragem para sair do caminho esperado. Argumentei que foi essa cultura da coragem que levou Lisa Feuer a desistir do emprego em uma companhia para correr atrás de um empreendimento fracassado de ioga. Essa cultura também tem um papel importante no incentivo dos membros de menos sucesso da comunidade dos designers de estilo de vida.

Por causa da segunda armadilha do controle, preciso moderar meu desdém anterior. Coragem *não* é irrelevante para criar o trabalho que você ama. Lulu e Lewis, como agora entendemos, tiveram que ter muita coragem para ignorar a resistência gerada por essa armadilha. Parece que o segredo é saber quando é a hora certa para

A *Segunda Armadilha do Controle* 133

ser corajoso nas decisões de carreira. Saiba a hora certa e uma vida profissional fantástica espera por você, mas se errar a hora ao cair na primeira armadilha do controle em uma busca prematura por autonomia, o desastre espera por você. Portanto, o defeito da cultura da coragem não é a mensagem subjacente de que a coragem é boa, mas a grave subestimação das complexidades envolvidas em implementar essa coragem de uma maneira útil.

Imagine, por exemplo, que você tenha a ideia de injetar mais controle em sua carreira. Como argumentei anteriormente, essa é uma ideia que temos que prestar atenção, porque o controle é tão poderoso em transformar sua vida profissional que eu o chamo de elixir do emprego dos sonhos. Mas também imagine que, enquanto você brinca com essa ideia, as pessoas em sua vida começam a oferecer resistência. Qual é a coisa certa a fazer? As duas armadilhas do controle tornam essa pergunta difícil de responder.

É possível que você não tenha o capital de carreira necessário para respaldar essa oferta por mais controle. Ou seja, está prestes a cair na primeira armadilha do controle. Neste caso, você deveria dar importância à resistência e arquivar essa ideia. Mas, ao mesmo tempo, é possível que você tenha capital de carreira suficiente, e essa resistência esteja sendo gerada exatamente porque você é muito valioso. Ou seja, caiu na segunda armadilha do controle. Nesse caso, ignore a resistência e persiga a sua ideia. Obviamente, esse é o problema com o controle: os dois cenários parecem o mesmo, mas a resposta correta é diferente em cada um.

A essa altura em minha busca eu já havia encontrado histórias suficientes sobre controle, algumas dando certo, outras errado, para saber que essa questão é séria — talvez um dos obstáculos mais difíceis que enfrentamos em nossa busca por um trabalho que amamos. Os slogans animadores da cultura da coragem são obviamente muito toscos para nos guiar por esse território complicado. Nós precisamos de uma heurística mais sutil, algo que possa deixar claro exatamente qual o tipo de armadilha do controle estamos enfrentando. Como aprenderá a seguir, acabei descobrindo essa solução nos hábitos de um empresário iconoclasta, alguém que transformou "viver a vida pelas próprias regras" em uma forma de arte.

Capítulo Onze

Evitar as Armadilhas do Controle

*No qual explico a **lei da viabilidade financeira**, que diz que você só deve buscar por uma oferta de mais controle se tiver evidências de que é algo pelo qual as pessoas estão dispostas a pagar.*

Derek Sivers Tem Mania de Controle

Logo depois do início de seu Ted Talk de 2010 sobre criatividade e liderança, Derek Sivers reproduziu um vídeo de uma multidão em um show ao ar livre. Um rapaz jovem sem camisa começa a dançar sozinho enquanto o público que estava sentado próximo observa com curiosidade.

"Um líder precisa de coragem para ficar sozinho e parecer ridículo", disse Derek. No entanto, em seguida, um segundo jovem se junta ao primeiro e começa a dançar.

"Agora vem o primeiro seguidor, que tem um papel crucial... o primeiro seguidor transforma o cara doido sozinho em um líder." Conforme o vídeo continua, mais alguns jovens dançarinos se juntam ao grupo. E, então, mais jovens. Por volta dos dois minutos de vídeo, os dançarinos se transformaram em uma multidão.

"E, senhoras e senhores, é assim que um movimento é feito."[1]

O público do Ted aplaude Derek de pé. Ele faz uma reverência, e depois dança um pouco sozinho no palco.

Ninguém pode acusar Derek Sivers de ser um conformista. Ao longo de sua carreira, ele tem repetidamente desempenhado o papel do primeiro dançarino. Ele começa com um passo arriscado, feito para maximizar seu controle sobre o que faz e como o faz. Então, ao fazer isso, está correndo o risco de parecer "o cara doido" que dança sozinho. Ao longo da carreira de Derek, entretanto, sempre havia um segundo dançarino para validar suas decisões, e então, mais à frente, uma multidão chegava, definindo o passo como bem-sucedido.

Seu primeiro passo arriscado ocorreu em 1992 quando desistiu de um bom emprego na Warner Bros. para se dedicar à música em tempo integral. Ele tocava guitarra e fez turnês com o músico e produtor japonês Ryuichi Sakamoto, e todos dizem que ele era muito bom nisso. O próximo grande passo dele foi em 1997, quando começou a CD Baby, uma empresa que ajudava artistas independentes a vender seus CDs online. Em uma época anterior ao iTunes, essa iniciativa preenchia uma necessidade crucial para os músicos independentes, e a empresa cresceu. Em 2008, ele a vendeu para a Disc Makers por US$22 milhões.

Nesse momento de sua carreira, o pensamento convencional determinava que Derek deveria se mudar para uma casa grande nas imediações de São Francisco e tornar-se um investidor-anjo. Mas Derek nunca esteve interessado no pensamento convencional. Em vez disso, colocou todo o dinheiro apurado em um fundo filantrópico que apoia a educação musical, vivendo com a menor quantidade possível de participação permitida por lei. Ele, então, vendeu seus bens e começou a viajar pelo mundo procurando um lugar interessante para viver. Quando conversamos, ele estava em Cingapura. "Adoro esse país, tem tão pouca gravidade e não tenta segurar você aqui, em vez disso é uma base para que você saia e explore", disse ele. Quando perguntei por que estava morando fora, ele respondeu: "Sigo uma regra na vida, se for algo assustador, faça. Vivi em todos os lugares na América, e para mim algo que seria assustador era morar em outro país."

Depois de tirar um tempo para ler, aprender mandarim e viajar o mundo, Derek recentemente voltou sua atenção para uma nova empresa: a MuckWork. Esse serviço permite que músicos terceirizem tarefas chatas, assim podem passar mais tempo no que importa, que é o processo criativo. Ele começou a empresa porque achou que a ideia parecia divertida.

Aqui está o que me interessa sobre Derek: ele ama controle. Toda sua carreira tem a ver com fazer grandes mudanças, mesmo tendo que encarar resistência, para ganhar mais controle sobre o que ele faz e como o faz. E ele não apenas ama o controle, mas também é fantasticamente bem-sucedido em consegui-lo. E foi por isso que entrei em contato com ele em Cingapura. Eu queria descobrir *como* ele conseguiu esse feito. Em mais detalhes, perguntei quais critérios ele usa para decidir quais projetos seguir e quais abandonar — na verdade, eu queria seu mapa para navegar pelas armadilhas do controle descritas nos dois últimos capítulos.

Felizmente, para nós dois, ele tinha uma resposta simples, mas surpreendentemente eficaz para minha pergunta...

A Lei da Viabilidade Financeira

Quando expliquei o que estava procurando, Derek entendeu na hora.

"Você quer dizer o tipo de algoritmo mental que impede que o advogado, que tem uma carreira de sucesso de 20 anos, de repente diga: 'Sabe, eu adoro massagens, então vou me tornar um massagista?'", perguntou ele.

"Isso mesmo", respondi.

Derek pensou por um momento.

"Eu tenho um princípio sobre dinheiro que anula minhas outras regras de vida", disse ele. **"Faça o que as pessoas estiverem dispostas a pagar."**

Derek deixou claro que isso é diferente de buscar dinheiro para se ter dinheiro. Lembre-se de que se trata de uma pessoa que abriu mão de US$22 milhões e vendeu seus bens depois que sua empresa foi comprada. Em vez disso, como ele explicou: "Dinheiro é um indicador neutro de valor. Ao visar ganhar dinheiro, está visando ser valioso."

Ele também enfatizou que hobbies estão claramente livres dessa regra. "Se eu quero aprender mergulho subaquático, por exemplo, porque acho divertido, e não pagarem para fazer isso, não me importo, vou fazer do mesmo jeito", disse ele. Mas, quando se trata de decisões que afetam sua carreira, o dinheiro permanece sendo um juiz eficaz de valor. "Se estiver com dificuldades em juntar dinheiro para uma ideia, ou se estiver pensando que a bancará com um trabalho não relacionado, então é preciso repensar essa ideia."

À primeira vista, a carreira de Derek, que gira em torno de atividades criativas, pode parecer distante das questões prosaicas e grosseiras como dinheiro. Mas, quando ele recontou seu caminho, visto da perspectiva desse algoritmo mental, de repente fez mais sentido.

Por exemplo, sua primeira grande mudança foi tornar-se músico profissional em 1992. Assim como Derek me explicou, ele começou tocando à noite e aos fins de semana. "Eu não desisti do meu emprego diurno até conseguir ganhar mais dinheiro com a música."

A segunda grande mudança foi começar a CD Baby. Novamente, ele não voltou sua atenção em tempo integral para essa atividade até criar uma base de clientes que desse lucro. "As pessoas me perguntam como financiei meus negócios", disse ele. "Eu lhes digo que primeiro vendi um CD, que me deu dinheiro suficiente para vender dois." A partir daí o negócio cresceu.

Em retrospecto, as ofertas de Derek por controle continuam grandes e não conformistas, mas, por causa de seu algoritmo mental de apenas fazer o que as pessoas estão dispostas a pagar, as ofertas agora parecem muito menos arriscadas. Essa ideia é poderosa o suficiente para que eu lhe dê um título que parece soar oficial:

A Lei da Viabilidade Financeira

Ao decidir seguir uma atividade atraente que lhe dará mais controle de sua vida profissional, procure evidências de que as pessoas estão dispostas a pagar por ela. Se encontrá-las, continue. Caso contrário, desista dela.

140 **REGRA 3** Recuse uma Promoção

Quando comecei a refletir sobre essa lei, vi que ela se aplicava repetidamente nos exemplos de pessoas bem-sucedidas adquirindo mais controle em suas carreiras. Para entender melhor, perceba que a definição de "dispostas a pagar" varia. Em alguns casos, literalmente significa clientes lhe pagando em dinheiro por um produto ou serviço. Mas também pode significar aprovação de um empréstimo, receber um investimento externo, ou, o mais comum, convencer um empregador a contratá-lo ou a continuar pagando seu salário. Uma vez que você adota essa definição flexível de "pagar por isso", essa lei começa a aparecer por todos os lugares.

Considere, por exemplo, Ryan Voiland da Fazenda Red Fire. Muitos residentes de cidades grandes, bem instruídos, que estão fartos do caos urbano, compram alguma terra cultivável e tentam obter seu sustento com as próprias mãos. A maioria fracassa. O que torna Ryan diferente é que ele se certificou de que as pessoas estavam dispostas a lhe pagar para cultivar antes de tentar fazer isso. Detalhando mais: por ele não ser um ex-banqueiro rico, comprou sua primeira propriedade por meio de um empréstimo do Departamento de Agricultura de Massachusetts — que não empresta dinheiro facilmente. Você tem que encaminhar um plano detalhado de negócio que os convença de que realmente ganhará dinheiro com sua fazenda. Com dez anos de experiência a seu favor, Ryan conseguiu apresentar esse plano.

Lulu oferece outro bom exemplo dessa lei em ação. Aqui, a definição de "dispostas a pagar" diz respeito a seu contracheque. Ela julgava suas tentativas por mais autonomia pelo fato de alguém contratá-la ou continuar pagando seu salário. Sua primeira grande mudança, por exemplo, foi diminuir sua jornada de trabalho

Evitar as Armadilhas do Controle 141

para 30 horas por semana. Ela sabia que tinha capital de carreira suficiente para apoiar essa mudança porque seu empregador a aceitou. Nos próximos empregos, quando negociou uma licença de três meses ou insistiu em trabalhar freelance com uma agenda aberta, essas também foram propostas por mais controle que foram validadas pelo fato de que os empregadores as aceitaram. Se ela tivesse menos capital de carreira eles não teriam problema nenhum em dizer-lhe adeus.

Por outro lado, quando você olha as histórias das pessoas que não tiveram sucesso em adicionar mais controle em suas carreiras, com frequência descobre que essa lei foi ignorada. Lembre-se de Jane da Regra 3: ela desistiu da faculdade com uma ideia vaga de que algum tipo de negócio online daria apoio a seu estilo de vida aventureiro. Se ela, porém, tivesse conhecido Derek Sivers, teria adiado essa mudança até que tivesse evidências reais de que poderia ganhar dinheiro online. Nesse caso, a lei teria servido bem a seu propósito, já que um experimento simples teria provavelmente revelado que sites de renda passiva são mais um mito do que uma realidade e, então, a teria prevenido de sua decisão precipitada de abandonar a sua educação. Isso não significa que Jane teria que se resignar a uma vida com um trabalho entediante. Pelo contrário, a lei poderia oferecer a ela estrutura para que continuasse a explorar variações de sua visão de uma vida aventureira, até que ela encontrasse alguma variação para buscar algo que realmente trouxesse resultados.

Resumo da Regra 3

As Regras 1 e 2 criaram as bases para meu novo pensamento sobre como as pessoas acabam amando o que fazem. A Regra 1 desbancou a **hipótese da paixão**, que diz que primeiro é preciso descobrir sua verdadeira vocação e, então, encontrar um emprego que combine com ela. A Regra 2 substituiu essa ideia pela **teoria do capital de carreira**, que argumenta que as características que definem um trabalho notável são raras e valiosas e, se você quer isso em sua vida profissional, precisa primeiro desenvolver habilidades raras e valiosas para oferecer em troca. Eu chamo essas habilidades de "capital de carreira", e na Regra 2 me aprofundo nos detalhes de como consegui-lo.

A próxima pergunta óbvia é como investir esse capital de carreira uma vez que o tenha. A Regra 3 explorou uma resposta para essa pergunta argumentando que ganhar **controle** sobre o que você faz e como o faz é incrivelmente importante. E essa característica aparece com tanta frequência na vida das pessoas que amam o que fazem que comecei a chamá-la de elixir do emprego dos sonhos.

Porém, investir seu capital em controle pode ser algo complicado. Há duas armadilhas nas quais, geralmente, as pessoas caem em suas buscas por essa característica. **A primeira armadilha do controle** enfatiza que é perigoso tentar ganhar mais controle sem ter capital de carreira suficiente para respaldá-lo.

A segunda armadilha do controle enfatiza que mesmo que tenha o capital de carreira para respaldar uma proposta por mais controle, você ainda não está totalmente longe do perigo. É que esse capital o torna muito valioso para seus empregadores, que provavelmente lutarão para mantê-lo em um caminho mais tradicional. Os empregadores percebem que ganhar mais controle é bom para você, mas não para os negócios deles.

As armadilhas do controle o colocam em uma situação difícil. Digamos que você tem uma ideia para buscar mais controle na sua carreira e esteja encontrando resistência. Como diferenciaria essa resistência entre algo útil (por exemplo, ela o está ajudando a evitar a primeira armadilha do controle) ou algo a ser ignorado (por exemplo, é o resultado da segunda armadilha do controle)?

Para ajudá-lo a desvendar esse enigma do controle, eu conversei com Derek Sivers. Derek é um empreendedor bem-sucedido, que vive uma vida dedicada ao controle. Pedi a ele conselhos para examinar possíveis atividades de controle e ele respondeu com uma regra simples: "Faça aquilo que as pessoas estão dispostas a pagar." E isso não se trata de ganhar dinheiro (Derek, por exemplo, é mais ou menos indiferente ao dinheiro, ele doou para a caridade os milhões de dólares da venda da sua primeira empresa). Em vez disso, trata-se de usar o dinheiro como um "indicador neutro de valor" — uma maneira de determinar se você tem ou não capital de carreira suficiente para ter sucesso com uma atividade. Eu chamo isso de **lei da viabilidade financeira** e concluí que é uma ferramenta importante para lidar com sua própria aquisição de controle. E isso vale caso esteja pensando em um empreendimento comercial ou sobre um novo cargo em uma empresa conhecida. Só é uma ideia que vale a pena ir atrás se as pessoas estiverem dispostas a lhe pagar.

REGRA #4

Pense Pequeno, Aja Grande

(Ou a Importância da Missão)

Capítulo Doze

A Vida Significativa de Pardis Sabeti

No qual argumento que uma missão unificadora para sua vida profissional pode ser uma fonte de grande satisfação.

A Professora Feliz

No número 52 da Oxford Street, Cambridge, Massachusetts, se encontra o moderno prédio de Harvard da Northwest Science, a dez minutos a pé do famoso pátio central da universidade, lotado de turistas. Faz parte de um grande complexo de laboratórios feito de tijolos e vidro que forma o novo coração do lendário mecanismo de pesquisa de Harvard. Dentro da Northwest, os laboratórios de ciência parecem coisa de Hollywood. Os corredores que definem o perímetro de cada andar são de concreto polido e pouco ilumina-dos, no estilo dos laboratórios dos programas de crime da televisão.

Dentro dos corredores, no centro do prédio, estão os laborató-rios experimentais com estudantes de pós-graduação manipulando pipetas e que podem ser vistos através de portas de aço com janelas de vidro. Do outro lado do corredor, estão as salas dos professores,

148   **REGRA 4**   Pense Pequeno, Aja Grande

separadas por divisórias de vidro que vão do teto ao chão. E foi uma dessas salas em particular que me fez ir até a Northwest em uma tarde ensolarada de junho — a sala de Pardis Sabeti, uma professora de biologia evolutiva de 35 anos de idade, que havia dominado uma das estratégias mais evasivas, porém poderosas, na busca do trabalho que se ama.

Uma das primeiras coisas que perceberá se passar um tempo com Pardis é que ela gosta de sua vida. Biologia, assim como qualquer campo acadêmico de grande importância, é algo desafiador. Por causa disso tem a fama de transformar professores jovens em rabugentos que adotam uma postura masoquista de *workaholic*, na qual relaxar significa um sinal de fracasso e as realizações de colegas tornam-se tragédias. Essa pode ser uma triste existência, mas Pardis evitou esse destino.

Por exemplo, em menos de cinco minutos de visita, um jovem estudante de pós-graduação, uma das dez pessoas que Pardis emprega no laboratório que leva seu nome, apareceu na sala.

"Estamos indo lá embaixo para praticar vôlei", disse ele, se referindo à equipe do laboratório, que evidentemente leva a coisa muito a sério. Ela prometeu se juntar a eles assim que nossa entrevista acabasse.

O vôlei não é o único hobby de Pardis. Em um canto da sala ela mantém um violão acústico, que é mais do que uma peça decorativa: Pardis toca em uma banda que se chama Thousand Days e é bem conhecida nos círculos musicais de Boston. Em 2008, o canal PBS transmitiu a banda em um especial chamado *Researchers Who Rock*.

A energia de Pardis para essas atividades é um efeito colateral do entusiasmo por seu trabalho. A maior parte de sua pesquisa concentra-se na África, com estudos em andamento no Senegal, Serra Leoa e em grande parte da Nigéria. Para Pardis, esse trabalho é muito mais do que apenas acumular publicações e ganhar bolsas. Em um dado momento da conversa, por exemplo, ela pegou o notebook: "Você tem que ver meu vídeo com as minhas meninas", disse ela, carregando um vídeo no YouTube em que ela estava com o violão na mão, liderando um grupo de quatro mulheres africanas em uma música. O vídeo foi gravado ao ar livre na Nigéria. Palmeiras enfeitam o cenário de fundo. Fiquei sabendo que essas mulheres trabalham em uma clínica apoiada pelo laboratório Sabeti. "Essas mulheres lidam com pessoas que morrem em condições devastadoras todos os dias", disse ela enquanto o vídeo tocava. Na tela, todos sorriam enquanto Pardis as liderava, com um mix de sucessos e durante os versos. "Eu amo ir para lá", acrescentou ela. A Nigéria é meu lar na África."

Está claro que Pardis evitou o ceticismo opressivo que envolve tantos jovens acadêmicos, e em vez disso construiu uma vida interessante ("Nem sempre é fácil", disse ela, uma vez em uma entrevista, "mas eu realmente amo o que faço".[1]) *Mas como ela conseguiu esse feito?* Conforme passei um tempo com Pardis, percebi que **sua felicidade vinha do fato de que ela construiu sua carreira baseada em uma *missão* clara e atraente** — algo que além de dar significado a seu trabalho também fornece a energia necessária para viver a vida além do laboratório. No estilo típico de pessoas com desempenhos excepcionais de Harvard, a missão de Pardis não é sutil: sua meta, simplesmente, é livrar o mundo de suas doenças mais antigas e mortais.

A Missão de Pardis

Como estudante de pós-graduação, Pardis acabou esbarrando na área emergente da genética computacional — o uso de computadores para entender as sequências de DNA. Ela desenvolveu um algoritmo que esquadrinha bancos de dados de informação genética humana à procura de traços de um alvo evasivo: a permanente evolução humana. Para o público em geral, a ideia de que humanos ainda estão evoluindo pode ser uma surpresa, mas entre biólogos evolutivos é algo natural. (Um dos clássicos exemplos da evolução humana recente é a tolerância à lactose — a capacidade de digerir leite na fase adulta — um traço que começou a se espalhar pela população humana quando começamos a domesticar os animais produtores de leite.)

O algoritmo de Pardis usa técnicas estatísticas para capturar padrões de migração de genes que combinam com o que você poderia esperar da pressão seletiva — por exemplo, uma mutação que apareceu recentemente no desenvolvimento humano, mas que se espalhou rapidamente entre a população. Ou seja, o algoritmo procura às cegas, revelando genes "candidatos" que parecem ser resultados da seleção natural, mas deixando os pesquisadores descobrirem por que a seleção natural considerou o gene útil.

Pardis usa o algoritmo para pesquisar genes recentemente evoluídos que oferecem resistência a doenças. Sua lógica é que, se encontrarem esses genes e entenderem como funcionam, os pesquisadores biomédicos poderão imitar seus benefícios em tratamentos. Faz sentido que os genes resistentes à doença possam estar entre os candidatos revelados pelo algoritmo de Pardis, já que eles oferecem um exemplo clássico da seleção natural em ação. Se um vírus

A Vida Significativa de Pardis Sabeti

mortal mata humanos em uma população por um longo tempo, biólogos diriam que essa população está sob "pressão seletiva". Se um número pequeno de sortudos do grupo desenvolve uma resistência à doença, essa pressão garante que esse novo gene se espalhe rapidamente (as pessoas com esse novo gene morrem com menos frequência do que aquelas sem ele). Essa disseminação rápida do novo gene é exatamente o tipo de assinatura que o algoritmo de Pardis está pronto para detectar.

A primeira grande descoberta de Pardis foi um gene que oferece resistência à Febre de Lassa, uma das doenças mais antigas e mais letais do continente africano, responsável pela morte de dezenas de milhares de pessoas todos os anos. ("As pessoas não apenas morrem dessa doença", enfatiza ela, elas têm mortes extremas".) Pardis, desde então, também adicionou a malária e a peste bubônica na lista de "pragas antigas" que ela vem enfrentando com sua estratégia computacional.

A carreira de Pardis é motivada por uma clara missão: usar a nova tecnologia para combater as velhas doenças. Essa pesquisa é evidentemente importante — e isso é enfatizado pelo fato de que ela recebeu doações de sete dígitos, por seu trabalho, da fundação de Bill e Melinda Gates e do NIH (National Institute of Health.) Mais à frente neste livro, nos aprofundaremos nos detalhes de como ela encontrou esse foco, mas agora o importante é notar que sua missão oferece senso de propósito e energia, características que a ajudam a evitar tornar-se uma acadêmica pessimista e em vez disso abraçar seu trabalho com entusiasmo. A missão dela é a base sobre a qual ela constrói amor pelo que faz e, portanto, é uma estratégia de carreira que precisamos entender melhor.

O Poder da Missão

Ter uma missão é ter um foco unificado para sua carreira. É mais geral do que ter um emprego específico e poder alcançar vários cargos. Ter uma missão oferece uma resposta para a pergunta: O que eu devo fazer com a minha vida? Missões são poderosas porque focam sua energia na direção de objetivos úteis e isso, por sua vez, maximiza seu impacto no seu mundo — um fator crucial para amar o que faz. Pessoas que sentem que suas carreiras realmente importam estão mais satisfeitas com suas vidas profissionais e são mais resistentes ao esforço de trabalhar arduamente. Ficar acordado até tarde para seu cliente economizar alguns milhões extras pode ser exaustivo, mas ficar acordado até tarde para ajudar a curar uma doença antiga pode deixá-lo mais energizado do que nunca — talvez até proporcionando o entusiasmo extra necessário para começar uma equipe de vôlei com o pessoal do laboratório, ou fazer uma turnê com uma banda de rock.

Fui atraído por Pardis Sabeti porque sua carreira é motivada por uma missão e o que ela colhe em troca é felicidade. Após me encontrar com ela, procurei por outras pessoas que alavancaram essa característica para criarem o trabalho que amam. Essa busca me levou a um jovem arqueólogo cuja missão é popularizar sua área por meio de sua própria série de televisão no Discovery Channel e a um programador entediado que sistematicamente estudou marketing para descobrir uma missão que devolvesse empolgação à sua vida profissional. Em todos esses casos, tentei decodificar exatamente como essas pessoas descobriram, e então implementaram com sucesso, suas próprias missões. Em suma, eu queria uma resposta para uma importante pergunta: *Como você transforma uma missão em realidade em sua vida profissional?*

A *Vida Significativa de Pardis Sabeti* 153

As respostas que encontrei são complicadas. E, para melhor compreender essa complexidade, colocaremos o assunto de novo no contexto maior desse livro. Nas regras anteriores, argumentei que "seguir sua paixão" é um mau conselho, pois muitas pessoas não nascem com uma paixão preexistente esperando para ser descoberta. Se o objetivo é amar o que faz, você deve primeiramente construir um "capital de carreira" dominando habilidades raras e valiosas, e então lucrar com esse capital para obter as características que definem um ótimo trabalho. Como explicarei, missão é uma dessas características desejáveis, e como toda característica desejada requer que você primeiramente construa capital de carreira — uma missão lançada sem expertise estará provavelmente condenada a falhar e morrer.

Contudo, só capital de carreira não é suficiente para transformar uma missão em realidade. A maioria das pessoas é boa no que faz, mas não reorienta sua carreira para uma direção atraente. Assim, explorarei algumas táticas avançadas que também possuem um papel importante em transformar uma boa ideia em uma missão, mas uma missão que se torne realidade. Nos capítulos a seguir, você aprenderá o valor de sistematicamente experimentar proto-missões diferentes até achar uma que valha a pena. E também aprenderá a necessidade de implementar uma mentalidade de marketing para ir atrás de seu foco. Ou seja, missões são uma característica poderosa para introduzir na vida profissional, mas também são inconstantes, necessitando de uma persuasão cuidadosa para se tornarem realidade.

Esta sutileza talvez explique o porquê de tantas pessoas não terem um foco organizado para suas carreiras, mesmo que esse foco seja algo altamente admirável: missões são difíceis. Mas, nesse momento de minha busca, me sinto à vontade com a palavra "difícil" e espero que, se você chegou até aqui neste livro, também se sinta à vontade. Dificuldades assustam os sonhadores e os tímidos, deixando mais oportunidades para aqueles que, como nós, estão dispostos a dedicar tempo para desenvolver cuidadosamente o melhor caminho a ser seguido e, então, confiantemente, colocar as mãos na massa.

Capítulo Treze

Missões Requerem Capital de Carreira

No qual argumento que uma missão escolhida antes de você ter um capital de carreira relevante provavelmente não será sustentável.

Quando a Missão Falha

Quando Sarah me escreveu, ela estava perplexa. Tinha recentemente desistido do trabalho como editora de jornal para fazer pós-graduação em ciência cognitiva. Sarah tinha pensado nisso assim que saiu da faculdade, mas na época estava preocupada porque achava que não tinha as habilidades corretas. No entanto, com a idade, veio mais confiança e, depois de ter se candidatado e se destacado em um curso de inteligência artificial que teria "assustado uma versão mais nova de mim mesma", Sarah decidiu ir fundo e ser candidatar a um doutorado em tempo integral.

Então os problemas começaram. Logo no começo da nova carreira como estudante, Sarah ficou paralisada em decorrência da falta de organização de sua missão no trabalho. "Sinto que tenho muitos interesses", disse-me ela. "Não consigo decidir se quero fazer um trabalho teórico ou algo mais aplicável, ou mais útil. Ainda mais ameaçador, acredito que todos os outros pesquisadores são gênios... O que você faria se estivesse em meu lugar?"

A história de Sarah me lembrou Jane, que apresentei a vocês na Regra 3. Como vocês podem se lembrar, Jane desistiu da faculdade para "criar uma empresa sem fins lucrativos para desenvolver minha visão de saúde, potencial humano e uma vida bem-vivida". Essa missão, infelizmente, deparou-se com uma dura realidade financeira quando Jane não conseguiu angariar dinheiro para apoiar sua visão vaga. Quando a conheci ela estava pedindo conselhos sobre como encontrar um emprego normal, uma tarefa que estava sendo difícil porque não tinha um diploma.

Jane e Sarah reconheceram o poder da missão, mas lutaram para implementar a característica em suas vidas profissionais. Sarah queria desesperadamente o foco de pesquisa que transformou o estilo de vida de Pardis Sabeti, mas sua incapacidade de identificar imediatamente esse foco a levou a repensar a pós-graduação. Jane, por outro lado, se envolveu com algo vago (uma empresa sem fins lucrativos que "desenvolveria minha visão... de uma vida bem vivida") e, então, esperou que os detalhes se resolvessem sozinhos assim que ela começasse. Jane não se deu melhor do que Sarah. Os detalhes, como se descobriu, não se resolveram sozinhos, deixando Jane sem dinheiro e sem um diploma universitário.

Eu conto essas histórias porque elas enfatizam um ponto importante: missões são complicadas. Como Jane e Sarah aprenderam, só porque deseja realmente organizar seu trabalho em torno de uma missão não significa que conseguirá isso facilmente. Após minha visita a Harvard, percebi que, se quisesse implementar essa característica em minha própria carreira, eu precisava entender melhor essa complexidade. Ou seja, precisava descobrir o que Pardis fez de diferente de Jane e Sarah. Acabei encontrando a resposta em um fato inesperado: as tentativas de explicar um fenômeno intrigante.

A Popularidade Desconcertante do Código de Rede Linear Aleatório

Enquanto escrevo este capítulo, estou participando de uma conferência de ciência da computação em San Jose, na Califórnia. Hoje mais cedo, algo interessante aconteceu. Eu participei de uma sessão com quatro professores diferentes de quatro universidades diferentes apresentando suas pesquisas mais recentes. Surpreendentemente, as quatro apresentações abordavam o mesmo problema pouco estudado — *disseminação da informação em redes* — usando a mesma técnica pouco utilizada — *código de rede linear aleatório*. Era como se a minha comunidade de pesquisa acordasse um dia e coletiva e espontaneamente decidisse abordar o mesmo problema hermético.

Esse exemplo de descoberta conjunta me surpreendeu, mas não teria surpreendido o escritor de ciência Steven Johnson. Em seu livro fascinante de 2010, *De Onde Vêm as Boas Ideias*, Johnson explica que esses "múltiplos" são frequentes na história da ciência.[1] Considere a descoberta de manchas solares em 1611; como Johnson observa, quatro cientistas, de quatro países diferentes, identificaram o fenômeno durante o mesmo ano. A primeira bateria elétrica? Foi inventada duas vezes em meados do século XVIII. Oxigênio? Foi isolado independentemente em 1772 e 1774. Em um estudo citado por Johnson, pesquisadores da Universidade Columbia descobriram um pouco menos de 150 exemplos diferentes de descobertas científicas proeminentes feitas por vários pesquisadores quase ao mesmo tempo.

Esses exemplos de descobertas simultâneas, embora interessantes, podem parecer marginais em nosso interesse na missão de carreira. Eu peço, no entanto, que fique comigo, já que a explicação para esse fenômeno é o primeiro elo em uma cadeia de lógica que me ajudou a decodificar o que Pardis fez de diferente de Jane e Sarah.

Grandes ideias, explicou Johnson, são quase sempre descobertas no "possível adjacente" um termo emprestado de Stuart Kauffman, biólogo de sistemas complexos que o usou para descrever a formação espontânea de estruturas químicas complexas a partir de estruturas mais simples. Dada uma sopa de oscilação de componentes químicos misturando tudo, notou Kauffman, muitas substâncias químicas novas vão se formar. Mas nem todas as novas substâncias químicas serão igualmente prováveis. As novas substâncias que encontrará são aquelas que podem ser feitas pela combinação de estruturas que já estão na sopa. Isso é, as novas substâncias químicas estão no espaço do *possível adjacente* definidas pelas estruturas atuais.

Quando Johnson adotou o termo, ele mudou de substâncias químicas complexas para inovações científicas e culturais. "Nós pegamos as ideias que herdamos, ou que vemos pela frente, e as misturamos em um novo formato", explicou ele. As próximas grandes ideias em qualquer área são encontradas além da vanguarda atual, no espaço adjacente que contém as possíveis novas combinações de ideias existentes. Desse modo, a razão pela qual descobertas importantes com frequência acontecem várias vezes é que elas só se tornam possíveis uma vez que entram no possível adjacente, e nesse momento qualquer pessoa que esteja pesquisando esse espaço — ou seja, aquelas que estão na vanguarda atual — perceberá as mesmas inovações que estão esperando para acontecer.

O isolamento do oxigênio como um componente do ar, para citar um dos exemplos de Johnson de descobertas múltiplas, não seria possível até duas coisas acontecerem. Na primeira, cientistas começaram a pensar sobre o ar como uma substância que contém elementos, não apenas um vazio, e, na segunda, as escalas sensitivas, uma ferramenta essencial nos experimentos necessários, tornaram-se disponíveis. Uma vez que esses dois avanços ocorreram, o isolamento do oxigênio apresentou-se como um grande objetivo no recém-definido possível adjacente — visível para qualquer um que estivesse olhando naquela direção. Dois cientistas — Carl Wilhelm e Joseph Priestley — *estavam* olhando nessa direção e, então, os dois passaram a conduzir experimentos necessários de forma independente, mas quase ao mesmo tempo.

O possível adjacente também explica meu exemplo anterior dos quatro pesquisadores abordando o mesmo problema obscuro com a mesma técnica obscura na conferência da qual participei. A técnica específica aplicada neste caso — uma técnica chamada codificação de rede linear aleatória — chamou a atenção dos cientistas da computação com quem trabalho apenas há dois anos, quando pesquisadores que estudam assuntos relacionados começaram a aplicá-la com sucesso em problemas complicados. Os cientistas que apresentaram artigos sobre essa técnica naquela conferência tinham percebido seu potencial quase ao mesmo tempo. Nas palavras de Johnson, essa técnica redefiniu a vanguarda em meu canto do mundo acadêmico e, portanto, também redefiniu o possível adjacente e nessa nova configuração o problema da disseminação da informação, como a descoberta do oxigênio muitos séculos atrás de repente surgiu como uma grande meta esperando para ser alcançada.

Nós gostamos de pensar nas inovações como algo que de repente nos surpreende, mudando de uma só vez o jeito como as pessoas veem o mundo, indo bem além do entendimento atual. Eu estou argumentando que, na realidade, a inovação é algo mais sistemático. Nós nos esforçamos muito para expandir a vanguarda, revelando mais novos problemas, e assim por diante. "A verdade", explica Johnson, "é que os avanços tecnológicos (e científicos) raramente surgem do possível adjacente".

Como mencionei, entender o possível adjacente e seu papel na inovação é o primeiro elo em uma cadeia de argumentos que explica como identificar uma boa missão de carreira. Na próxima seção, forjarei o segundo elo, que conecta o mundo dos avanços científicos com o mundo do trabalho.

A Missão Motivada pelo Capital

Os avanços científicos, como acabamos de aprender, exigem que você primeiro chegue na vanguarda de sua área. Só então poderá ver o possível adjacente além, o espaço onde ideias inovadoras são quase sempre descobertas. Aqui está o salto que eu dei quando refleti sobre Pardis Sabeti quase na mesma época em que estava refletindo sobre a teoria de inovação de Johnson: **uma boa missão de carreira é similar a um avanço científico — é uma inovação esperando para ser descoberta no possível adjacente de sua área**. Assim, caso queira identificar uma missão para sua vida profissional, deve chegar primeiro na vanguarda — o único lugar em que essas missões se tornam visíveis.

Essa ideia explica a batalha de Sarah. Ela estava tentando encontrar uma missão *antes* de chegar na vanguarda (ela ainda estava no segundo ano de faculdade quando começou a entrar em pânico sobre sua falta de foco.) Na posição privilegiada de nova estudante de pós-graduação, ela estava muito longe da vanguarda para ter qualquer esperança de sobreviver ao possível adjacente e, se ela não pode ver o possível adjacente, não identificará uma direção nova e atraente para seu trabalho. De acordo com a teoria de Johnson, Sarah teria se dado melhor primeiro dominando um nicho promissor — uma tarefa que pode levar anos — e só então voltar a atenção para buscar uma missão.

A distância do possível adjacente também derrubou Jane. Ela queria começar uma empresa sem fins lucrativos transformadora que mudasse o jeito como as pessoas vivem suas vidas. Mas uma empresa sem fins lucrativos precisa de uma filosofia específica com uma forte evidência de sua eficácia. Jane não tinha essa filosofia. Para encontrar uma, ela precisaria de uma boa visão do possível adjacente em seu canto do setor de empresas não lucrativas, e isso teria exigido que ela primeiro chegasse à vanguarda de esforços para melhorar a vida das pessoas — um processo que, assim como o de Sarah, exige paciência e talvez anos de trabalho. Jane estava tentando identificar uma missão antes de chegar na vanguarda e ela, como esperado, não apareceu com nada que pudesse fazer a cabeça das pessoas.

Em retrospectiva, essas observações são óbvias. Se missões transformadoras de vida pudessem ser encontradas com menos egoísmo e uma atitude otimista, mudar o mundo seria um lugar comum. Mas não é lugar comum, em vez disso é algo bastante raro. Essa raridade, agora entendemos, é porque esses avanços exigem primeiro chegar na vanguarda, e isso é difícil — o tipo de dificuldade que muitos de nós estamos tentando evitar em nossas vidas profissionais.

O leitor que está atento perceberá que esse assunto de "chegar na vanguarda" ecoa a ideia do capital de carreira, que foi introduzida lá na Regra 2. Como vamos recordar, capital de carreira é meu termo para habilidades raras e valiosas. É, como argumentei, sua barganha mais importante para criar o trabalho que você ama: a maioria das pessoas que amam seus trabalhos chega aonde estão, primeiramente, desenvolvendo capital de carreira e, então, trocando-o pelos tipos de características que definem um trabalho notável. Chegar à vanguarda em uma área pode ser compreendido nestes termos: esse processo desenvolve habilidades raras e valiosas que, então, constroem seu estoque de capital de carreira. Da mesma forma, identificar uma missão atraente, uma vez que chega à vanguarda, pode ser visto como um investimento para o seu capital de carreira adquirir uma característica desejada para sua carreira. Ou seja, a missão é um outro exemplo da teoria do capital de carreira em ação. Se pular essa etapa, pode terminar como Jane e Sarah: com muito entusiasmo, mas com muito pouco para mostrar.

Sem surpresas, quando retornarmos à história de Pardis Sabeti, descobriremos que seu caminho para uma missão oferece um bom exemplo de capital de carreira convertido na prática.

A Paciência de Pardis

"Eu acho que você precisa de paixão para ser feliz", Pardis Sabeti me disse. À primeira vista, parece que ela está apoiando a *hipótese da paixão* que eu desmascarei na Regra 1. Então ela complementa: "Mas não sabemos o que é essa paixão. Se perguntar para alguém, lhe responderão o que pensam ser uma paixão, mas provavelmente estará errado." Ou seja, ela acredita que ter uma paixão por seu trabalho é vital, mas também acredita que é uma tarefa tola tentar descobrir com antecedência qual trabalho o levará a essa paixão.

Quando você ouve a história de Pardis, a origem dessa filosofia fica clara. "No ensino médio, eu era obcecada com matemática", contou-me ela. Então teve um professor de biologia que ela adorava, o que a fez pensar que talvez biologia fosse algo para ela. Quando ela chegou no MIT, foi forçada a escolher entre matemática e biologia. "Acontece que o departamento de biologia do MIT tem uma ênfase inacreditável no ensino", explicou ela. "Então me especializei em biologia." Daí veio um novo plano: ela decidiu que estava destinada a tornar-se médica. "Eu me via como alguém que se importava com as pessoas. Queria praticar medicina."

164   **REGRA 4**   Pense Pequeno, Aja Grande

Pardis foi muito bem no MIT, ganhou uma bolsa de estudos para pós-graduação, a Rhodes Scholarship, e a usou para obter o doutorado em Oxford. Ela focava antropologia biológica, um nome tipicamente oxfordiano e arcaico para uma área que pode ser chamada simplesmente de genética.

Foi em Oxford que Pardis decidiu que a África e doenças infecciosas também seriam assuntos potencialmente interessantes para estudar. Se estiver contando, esta era a terceira área que, em um momento da carreira dela como estudante, a atraiu — a lista completa agora contém matemática, medicina e doenças infecciosas. É por isso que ela desconfia da estratégia de tentar identificar sua verdadeira vocação com antecedência — em sua experiência muitas coisas diferentes em diferentes épocas pareceram atraentes.

Em virtude de seu novo interesse pela África, Pardis se juntou a um grupo de pesquisa que usava análises genéticas para ajudar afro-americanos a remontar sua genealogia de volta às regiões da África. Cerca de um ano depois, Pardis decidiu mudar de laboratório por sugestão de um amigo. Esse outro laboratório estava abordando a genética da malária.

Depois de Oxford, Pardis retornou à Escola de Medicina de Harvard para obter sua graduação — incrivelmente, mesmo terminando o doutorado em genética, ela ainda não estava preparada para abandonar sua premonição anterior de que, de alguma forma, teria que ser médica. O resultado foi que ela se tornou uma jovem estudante de medicina que terminava a tese de doutorado durante seu tempo livre. "Se você quer escrever algo sobre ter qualidade de vida agradável, não me pergunte sobre o tempo em que estudei em Harvard", alertou-me ela. "Harvard foi uma época difícil."

Pardis concluiu sua tese e tornou-se uma pós-doutorada que continuava a conciliar seu trabalho com o fim do curso de medicina, pegando o metrô para ir e voltar de Harvard para o MIT, onde estava trabalhando no Broad Institute com o famoso geneticista Eric Lander. Foi nesse período que suas ideias sobre usar análise estatística para encontrar evidências de uma recente evolução humana começaram a render resultados, culminando na publicação de um importante artigo de 2002 na *Nature* com o título inócuo: "Detectando seleção positiva recente no genoma humano da estrutura haplótica."[2]

De acordo com o Google Scholar, esse artigo foi citado mais de 720 vezes desde sua publicação. "As pessoas começaram a me tratar diferente depois do artigo", conta Pardis. "Foi quando as ofertas do corpo docente começaram a chegar." Embora ela tenha terminado a medicina em algum momento desse período, foi então que sua missão finalmente ficou clara: tornar-se uma médica clínica não fazia mais sentido, ela desenvolveria uma carreira de pesquisa focada no uso da genética computacional para combater doenças antigas. Pardis assumiu um cargo de professora em Harvard, finalmente pronta para se comprometer com um único foco em sua vida profissional.

O que me impressiona na história de Pardis é como tão tardiamente ela identificou a missão que agora define sua carreira. Essa decisão tardia é melhor representada pela sua decisão de ainda estudar — *e terminar*! — a faculdade de medicina, mesmo que ela ainda estivesse trabalhando em sua pesquisa de doutorado e que a mesma estivesse começando a despertar a atenção. Essas não são ações de alguém que tem certeza de seu destino desde sempre. Essa certeza só veio mais tarde, com a publicação na *Nature*, quando Pardis finalmente desenvolveu suas ideias sobre genética computacional a ponto de sua utilidade e inovação tornarem-se óbvias.

Para usar minha terminologia, esse longo período de treinamento, começando com as aulas de biologia no ensino médio e continuando ao longo do seu doutorado e a seguir em seu trabalho de pós-doutorado no Broad Institute, foi quando ela construiu seu estoque de capital de carreira. Quando assumiu uma cátedra em Harvard, estava finalmente pronta para lucrar com esse capital e obter uma carreira motivada por uma missão da qual ela desfruta hoje em dia.

A Regra 4 é intitulada "Pense Pequeno, Aja Grande". É nessa compreensão do capital de carreira e do papel dele na missão que obtemos nossa explicação para esse título. Avançar em direção à vanguarda em uma área é um ato de pensar "pequeno", que exige que você foque um conjunto limitado de assuntos por um tempo potencialmente longo. Uma vez que chegue à vanguarda, no entanto, e descubra uma missão no possível adjacente, você deve ir atrás dela com zelo: uma "grande" ação.

Pardis Sabeti pensou pequeno ao focar pacientemente por anos um nicho limitado (a genética das doenças na África), mas depois agiu grande, uma vez que adquiriu capital de carreira suficiente para identificar uma missão (usar a genética computacional para ajudar a entender e lutar contra doenças antigas.) Foi o contrário do que fizeram Jane e Sarah, que reverteram essa ordem. Elas começaram pensando grande, procurando por uma missão que mudasse o mundo, mas sem capital de carreira apenas poderiam combinar esse pensamento grande com atos pequenos e ineficazes. A arte da missão, podemos concluir, nos pede para refrear o mais grandioso dos nossos instintos de trabalho, e em vez disso adotar a paciência — o estilo de paciência observado em Pardis Sabeti — que é necessária para colocar essa ordem de forma correta.

Capítulo Quatorze

Missões Requerem Pequenas Apostas

No qual argumento que grandes missões são transformadas em grandes sucessos como resultado do emprego de projetos pequenos e possíveis — pequenas apostas — para explorar as possibilidades concretas que envolvem uma ideia atraente.

O Salto entre a Ideia e a Prática

O tempo que passei com Pardis Sabeti me convenceu de que o capital de carreira é necessário para identificar uma boa missão. Mas, mesmo com esse entendimento solidificado, um pensamento incômodo abalou minha satisfação intelectual: *Por que eu não tenho uma carreira pessoal motivada por uma missão?*

Quando conheci Pardis, eu tinha um doutorado em ciência da computação pelo MIT e quase duas dúzias de publicações revisadas por colegas em meu nome. Eu tinha dado palestras sobre meu trabalho no mundo todo, desde o Rio de Janeiro até Bolonha e Zurique. Ou seja, havia acumulado capital de carreira, e esse capital permitiu-me identificar muitas missões em potencial e pertinentes às minhas habilidades. Eu até tinha registrado esses *brainstorms*, pois sempre tenho comigo um caderno de ideias. No dia 13 de março de 2011, por exemplo, registrei a possibilidade de enfocar minha carreira em um novo estilo de teoria do algoritmo distribuído que estava surgindo — o estudo de algoritmos em gráficos de comunicação com mudanças irrestritas de topologia. Percebi que poderia me aprofundar em seu desenvolvimento da mesma forma que os primeiros defensores da teoria do caos fizeram em suas áreas no começo dos anos 1980.

Mas isso traz de volta aquela incômoda pergunta. Eu tinha cadernos preenchidos com várias missões em potencial, embora resistisse em me dedicar a qualquer uma delas em particular. E não estou sozinho nessa relutância em agir. *Muitas* pessoas possuem muito capital de carreira e, portanto, podem identificar uma variedade de diferentes missões em potencial para seus trabalhos, mas *poucos* na verdade constroem suas carreiras com base nessas missões. Assim, parece que essa tática de carreira envolve mais do que simplesmente chegar na vanguarda. Uma vez que você tenha o capital de carreira necessário para identificar uma missão, ainda terá que descobrir como colocar essa missão em prática. Se você não tem uma estratégia de confiança para dar esse salto da ideia para a execução, então como eu, e tantos outros, você provavelmente evitará por completo esse salto.

Este capítulo é o primeiro de dois que pesquisam pessoas bem-sucedidas nesse salto. Meu objetivo com essas pesquisas é descobrir estratégias específicas que levem de grandes ideias para grandes resultados — o tipo de estratégias que pode transformar as missões do meu caderno de meras ideias na base de uma carreira que chama a atenção. Começaremos com a história de um jovem arqueólogo impetuoso de uma pequena cidade no sudeste do Texas: alguém

Tesouros Americanos

Eu encontrei Kirk French pela primeira vez enquanto assistia ao Discovery Channel. Durante o intervalo comercial, vi uma propaganda do mais recente programa do Discovery. Chamava-se *American Treasures*. A chamada mostrava dois arqueólogos jovens, vestidos com jeans e camisas surradas, dirigindo pelo interior dos EUA em um antigo Ford F-150, ajudando as pessoas a descobrirem o significado histórico de suas heranças de família. Os apresentadores, que eram arqueólogos, Kirk French e Jason De Leon, pareciam barulhentos, extrovertidos e gostavam da agitação que provocavam. Era como o *Antique Roadshow*, porém com mais bebida e xingamentos. Preparei meu DVD para gravar a estreia.

Logo no primeiro episódio, Kirk e Jason se encontravam nas planícies do leste do Texas, em uma propriedade rural em ruínas. Eles estavam lá para investigar a autenticidade de uma roupa que supostamente teria pertencido a Clyde Barrow do famoso casal Bonnie e Clyde.

Não levou nem 30 segundos para os arqueólogos desmentirem essa história: não há muitas roupas desse período que tenham uma etiqueta escrita "Made in China". Mas isso não os desanimou.

"Você é de uma família que produz *moonshine* [bebidas artesanais, mas ilícitas, nos EUA]", notou French.

"Sim", respondeu Leslie, o dono da roupa.

"Vamos provar um *moonshine*."

Logo uma garrafa aparece. Conforme Leslie coloca a bebida no copo de Mason, avisa: "Não me pergunte sobre o teor alcoólico. Vocês não beberiam se soubessem." Enquanto Kirk e Jason se sentavam em um par de troncos, bebendo *moonshine* e contando histórias, cercados pelo vazio do leste do Texas, eles pareciam estar vivendo bons momentos.

Eu estava fascinado. Para entender o apelo de *American Treasures*, você precisa entender os concorrentes. Na época, os canais de TV a cabo estavam repletos de programas "dinheiro por tralhas", no estilo de *Trato Feito*, do History Channel, no qual uma equipe de uma loja de penhores de Las Vegas tentava fazer negócio com objetos de certo valor de posse de pessoas que precisavam de dinheiro; e de *Auction Kings*, do Discovery Channel, que acompanhava as aventuras de uma casa de leilão com sede em Atlanta, cujo site tem mais pontos de exclamação do que, digamos, a Sotheby's poderia aprovar. É claro que esses programas não devem ser confundidos com o programa do Discovery, *Caçadores de Relíquias*, que também acompanha uma equipe que compra os pertences das pessoas, mas que agora apresenta a novidade de que caçadores de barganhas viajam em vans em vez de trabalhar em um balcão de loja. E nenhum desses programas pode ser confundido com *Caçadores de Leilões*, do Discovery Channel, ou *Quem dá mais*, do History Channel, os dois com um olhar crítico na aquisição de boxes de armazenamento abandonados para serem leiloados — um assunto repleto de nuances para, ao que parece, ser abordado plenamente por uma única série.

Esses programas nunca me interessaram. Mas algo em *American Treasures* chamou minha atenção. Acho que uma vez tendo olhado além do nome do programa — que Kirk mais tarde admitiu que odiou e foi contra — eu fiquei impressionado com o fato de os apresentadores terem um propósito além de apenas aparecer na televisão. Por um lado, eles não são personalidades da televisão em tempo integral, são de fato arqueólogos acadêmicos. (O Discovery Channel teve que bancar um semestre das obrigações deles como professores para que pudessem filmar a primeira temporada.) Ademais, não há transações financeiras nesse programa (a base de todos os outros programas do gênero). Colocar um valor monetário em artefatos é algo antiético na missão de um arqueólogo, e Kirk e Jason se recusaram a fazer tal coisa no programa. Os apresentadores pareciam ser levados pela ideia de que estavam educando o público sobre a realidade da arqueologia moderna. Essa é a missão deles, e como indicado pelos sorrisos em seus rostos enquanto bebiam aquela *moonshine* do leste do Texas no episódio de estreia do programa, é uma missão muita divertida de assumir.

Pouco depois que conheci Pardis Sabeti, quase na mesma época em que comecei a questionar sobre não ter uma carreira motivada por uma missão, lembrei-me de Kirk e Jason. Percebi que eles constituíam em um estudo de caso perfeito sobre o que é dar um salto largo entre uma ideia e a prática. A missão de popularizar a arqueologia para um grande público e se divertir fazendo isso soa muito bem no papel, mas para de fato dedicar sua carreira a essa missão, especialmente quando acabou de sair da pós-graduação e está tentando fazer seu nome em uma área acadêmica, trata-se de uma perspectiva terrível. Eu conversei com Kirk para descobrir qual estratégia ele usou para dar esse salto com confiança.

O Arqueólogo de Sofá

Ninguém que conheça Kirk French o descreveria como um chato. "Depois que Bush ganhou a eleição em 2004", disse-me ele, "meio que perdi a esperança. Vendi tudo e fui morar no mato". O "mato" consistia em uma antiga fazenda de 6,5 hectares que ficava a 20 minutos de carro do campus da Penn State, onde Kirk era estudante de pós-graduação na época.

Enquanto vivia no modo "eremita", ele decidiu construir um palco de madeira em um bosque de macieiras não muito longe de sua cabana e organizar um festival de música, que ele chamou, claro, de Kirk Fest. Jason De Leon, um amigo da pós-graduação na Penn State, tinha uma banda chamada Wilcox Hotel na época, que tocou no festival. Ele ficou admirado com a tendência empreendedora de Kirk e perguntou se ele queria gerenciar a Wilcox Hotel. Kirk achou uma boa. Eles acabaram dando uma pausa nos estudos para comprar um pequeno ônibus e "sair dirigindo por todo o país" em uma turnê. Nessa ocasião, também gravaram dois CDs. Estou contando essa história porque ela enfatiza que Kirk é alguém que não tem medo de tentar algo ousado caso isso traga a promessa de tornar sua vida mais interessante.

Durante esse período como estudante de pós-graduação, Kirk, cuja especialização era a gestão do fornecimento de água dos Maias, foi entrevistado em um documentário do History Channel sobre essa civilização, chamado *Mundos Perdidos*. Por ser uma pessoa sempre à procura de saídas criativas para sua energia, essa experiência ajudou Kirk a consolidar uma missão em potencial para sua carreira: popularizar a arqueologia moderna para o

Missões Requerem Pequenas Apostas 175

grande público. Seus primeiros esforços nessa direção começaram logo após concluir o doutorado e iniciar o pós-doutorado, e se concentraram em um documentário clássico de 1961 chamado *Land and Water: An Ecological Study of the Teotihuacan Valley of Mexico*, filmado pelo falecido arqueólogo da Penn State, William Sanders. Esse filme documenta como o crescimento da Cidade do México transformou a ecologia e o estilo de vida no Vale de Teotihuacan. Para aqueles que como Kirk estudam a ecologia histórica, é uma obra importante.

No outono de 2009, Kirk colocou as mãos nos rolos originais de 16 milímetros, que incluíam cenas filmadas que nunca foram editadas, assim como anotações de Sanders. Ele lançou dois projetos relacionados a esse achado. O primeiro foi digitalizar a filmagem original e lançar um DVD do documentário original — um projeto que ele terminou na primavera de 2010. O segundo projeto era mais ambicioso. Ele decidiu filmar uma nova versão do documentário — uma atualização que mostraria as mudanças ocorridas no vale entre os anos 1960 e os dias atuais. Kirk angariou dinheiro com o departamento de antropologia da Penn State e do Maya Exploration Center, montou uma equipe e no inverno de 2010 rumou para a Cidade do México a fim de começar a filmar uma amostra. O objetivo era reunir uma quantidade suficiente de cenas atraentes para "convencer agências de financiamento da importância do [projeto]".

Mas o avanço decisivo de Kirk nessa missão começou em dezembro de 2009. George Milner, um professor da sala ao lado de Kirk, o chamou para se juntar a um grupo de arqueólogos reunidos ao redor do telefone dele. "Vocês têm que ouvir esta mensagem", disse Milner enquanto acionava a caixa de mensagens. A gravação era de um homem que vivia ao norte de Pittsburgh. Ele parecia articulado e contido — ao menos até chegar ao motivo pelo qual estava ligando para o departamento de arqueologia da Penn State. "Eu acho que tenho o tesouro dos Cavaleiros Templários no meu jardim", explicou ele.

Os acadêmicos deram uma boa risada. Mas Kirk interrompeu: "Eu ligarei para ele de volta." Os colegas mais experientes tentaram fazer com que ele não se envolvesse com isso. "Ele nunca vai deixá-lo em paz", disseram. "Ficará ligando toda a semana fazendo perguntas."

Como Kirk me explicou, em uma área acadêmica como a arqueologia, eles recebem muitas dessas ligações — "pessoas que acham que encontraram uma pegada de dinossauro, ou o que for" — e não há tempo, com a pressão de pesquisas e de dar aulas, para ir verificar e acompanhar. Mas Kirk viu uma oportunidade nisso, algo que apoiaria sua missão. "Esse tipo de alcance público é exatamente o que nós, arqueólogos, *deveríamos* estar fazendo", percebeu ele.

Ele decidiu acompanhar essas ligações aleatórias que chegavam no departamento. Ele planejou se encontrar com as pessoas, ouvir suas histórias e ajudar a explicar como os princípios da arqueologia podem levá-las a descobrir se, ou não, uma organização medieval de cavaleiros estava passeando pelas montanhas de Pittsburgh. A ideia não era apenas encontrar com as pessoas, mas também filmar esses encontros, com o objetivo futuro de produzir um documentário dos casos mais interessantes. Ele chamou o projeto de *O Arqueólogo de Sofá*. Ele previu que esse projeto paralelo levasse de cinco a dez anos — algo para ele trabalhar em conjunto com seu filme do Vale Teotihuacan. "No mínimo, imaginei que poderia mostrar esse conteúdo a meus estudantes nas aulas de introdução de arqueologia", disse ele.

Em uma manhã de domingo, pouco tempo depois de receber a ligação sobre o tesouro dos Cavaleiros Templários, Kirk reuniu um cinegrafista e um técnico de som e foi à Pittsburgh para investigar a história. "Ele era um cara muito legal", lembra Kirk. "Tinha ideias loucas, mas era divertido conversar com ele. A gente saiu o dia todo, bebemos umas cervejas e conversamos." O "tesouro" revelou ser uns ossos velhos de cervos e estacas de ferrovias encontradas em um poço de cascalho, mas a experiência foi revigorante para Kirk. E também se revelou ser mais importante do que ele jamais poderia imaginar.

Mais ou menos nessa época, o Discovery Channel decidiu que queria um "reality show" que tivesse alguma coisa a ver com arqueologia. Como é comum no mundo da televisão, em vez de desenvolver a ideia, o canal espalhou a informação sobre seu novo interesse geral para as produtoras independentes sugerirem ideias de programas específicos. Três meses depois que Kirk filmou a sequência em Pittsburgh, um dos produtores dessas empresas contatou o diretor do departamento de arqueologia da Penn State, que transmitiu a mensagem para toda a equipe. "Tudo bem, eu só tinha três meses de experiência no emprego como professor assistente", lembrou Kirk, "mas eu estava realmente interessado na mídia, então pensei: 'Por que não eu?'" Kirk contatou a produtora. "Tenho a ideia para o programa", disse ele, logo no começo da conversa. E enviou para eles a filmagem do *Arqueólogo de Sofá*.

A produtora adorou ambos, a ideia e Kirk. Eles refilmaram a visita ao local do tesouro dos Templários e enviaram a gravação para o Discovery Channel e History Channel. Este último canal aceitou financiar o piloto do programa, mas o primeiro disse: "Dane-se o piloto, vamos logo gravar oito episódios." Quando eles perguntaram para Kirk sobre um segundo apresentador, ele só podia dar um nome, seu grande amigo Jason De Leon, que também tinha recentemente se formado pela Penn State e acabado de assumir o cargo de professor em Michigan. Os dois conseguiram que o Discovery Channel bancasse as obrigações de ensino deles para o próximo outono e, então, pegaram a estrada para filmar a primeira temporada do que se tornaria o *American Treasures*.[1]

Alavancar Pequenas Apostas

A missão de Kirk era popularizar a arqueologia, e ele queria fazer isso de uma maneira que oferecesse a ele uma vida empolgante. Apresentar *American Treasures* tornou essa missão uma realidade. A pergunta em pauta é como ele deu esse salto de uma ideia geral para uma ação específica.

Veja o que notei: O caminho de Kirk para o *American Treasures* foi gradual. Ele não decidiu do nada que queria apresentar um programa de televisão e, então, retroceder para tornar aquele sonho uma realidade. Em vez disso, ele avançou a partir de sua missão original — popularizar a arqueologia — com uma série de pequenos passos quase hesitantes. Ao se deparar com os velhos rolos do filme *Land and Water*, por exemplo, decidiu digitalizá-los e produzir um DVD. Após esse pequeno passo ele deu um passo maior, arrecadando dinheiro para gravar uma sequência exploratória para uma nova versão do documentário. Quando George Milner lhe mostrou aquela fatídica mensagem na secretária eletrônica, Kirk deu outro passo modesto ao lançar o projeto *O Arqueólogo de Sofá*

Missões Requerem Pequenas Apostas 179

sem nenhuma visão de como aquilo poderia ser útil, a não ser servir como material de estímulo para seus cursos de introdução de arqueologia. Mas esse último pequeno passo o tornou um vencedor, levando-o diretamente a um programa próprio de televisão.

Conforme eu tentava entender a história de Kirk, me deparei com um novo livro de negócios que está fazendo sucesso — *Little Bets* — escrito por Peter Sims, um ex-capitalista de risco.[2] Quando Sims estudou um punhado de inovadores de sucesso, desde Steve Jobs e Chris Rock até Frank Gehry, assim como empresas inovadoras, como Amazon e Pixar, ele encontrou uma estratégia comum a todos. "Em vez de acreditarem que têm que começar com uma grande ideia ou planejar todo um projeto primeiro", escreve, "eles fazem uma série metódica de *pequenas apostas* sobre o que poderia ser uma boa direção, reunindo com isso informações fundamentais de muitos pequenos fracassos e, também, de pequenas, mas significantes, vitórias" [grifo do autor]. Esse feedback rápido e frequente, diz Sims, "permite que eles encontrem caminhos inesperados e cheguem a resultados extraordinários".

Para ilustrar essa ideia, Sims detalha o exemplo de Chris Rock preparando uma comédia para um de seus aclamados especiais da HBO. Acontece que Chris Rock fará de 40 a 50 visitas sem aviso prévio a um pequeno clube de comédia na área de New Jersey para ajudá-lo a descobrir que material funciona e qual não. Como Sims observa, ele aparece no palco com um bloco de anotações amarelo, trabalhando com piadas diferentes, tomando notas da reação da multidão. A maioria desse material acaba sendo desinteressante. Não é incomum para Rock olhar e dizer "isso precisa ser mais aprofundado", enquanto a multidão dá risada do constrangimento dos fiascos de Rock. Mas esses pequenos fracassos, combinados com as pequenas vitórias das piadas que conectam, fornecem a informação fundamental necessária para Chris Rock montar um conjunto extraordinário.

Esse estilo de pequenas apostas, eu me dei conta, é o que Kirk implementou para testar sua missão de popularizar a arqueologia. Ele tentou lançar um DVD, filmar um documentário e montar uma série de filmes para os alunos. O último acabou sendo o mais promissor, porém Kirk não poderia saber disso de antemão. O que importa sobre as pequenas apostas é que elas são como porções individuais. Você tenta uma vez, e pode levar alguns meses no máximo. Podem ou não ter êxito, mas de qualquer forma você recebe feedbacks importantes para orientar os próximos passos. Essa abordagem contrasta com a ideia de escolher um plano ousado e fazer uma grande aposta no seu sucesso. Se Kirk tivesse feito isso — por exemplo, decidindo de antemão dedicar anos na popularização do documentário *Land and Water* — ele não teria tido tanto sucesso com a sua missão.

Quando me recordo da história de Pardis Sabeti, percebo que a estratégia das pequenas apostas também está presente. Como deve se lembrar, ela decidiu logo no começo da carreira, quando era estudante de pós-graduação, perseguir a missão geral de lidar com doenças infecciosas na África. Mas, nesse estágio, ela não sabia como tornar essa missão bem-sucedida, então iniciou pequenos experimentos. Ela começou em laboratórios de pesquisa trabalhando com a herança genética dos afro-americanos. Entretanto, isso não parecia estar se encaixando, então ela foi para um grupo que trabalhava com malária —, mas de novo ela não via aquilo como um caminho claro que tornasse a sua missão um sucesso. Retornando para Harvard, ela começou a trabalhar como bolsista de pós-doutorado no Instituto Broad. Foi aí que começou a ganhar popularidade para sua abordagem computacional de procurar marcas da seleção natural no genoma humano. E foi essa última aposta — decorrente de uma longa sequência dessas apostas — que provou ser a grande campeã, e nesse momento ela dedicou sua carreira a essa atividade. Não se tratava de audácia, mas de experimentação, o que transformou a missão geral de Pardis em um sucesso específico.

Um Pequeno Intervalo na Missão

Reservaremos um momento para reunir tudo o que aprendemos até agora sobre missão. No último capítulo, usei a história de Pardis para enfatizar que é preciso capital de carreira antes de identificar uma missão realista para sua carreira. Não é porque você tem uma boa ideia para sua missão que terá sucesso na busca. Com isso em mente, neste capítulo nós estudamos a vida de Kirk French para melhor entender como dar o salto entre identificar uma missão realista e torná-la reale bem-sucedida.

Aqui, nós descobrimos a importância das pequenas apostas. Para maximizar suas chances de sucesso, é preciso implementar experimentos pequenos e concretos que retornem em forma de feedbacks concretos. Para Chris Rock, essa pequena aposta inclui contar uma piada para um público e ver se as pessoas vão rir, enquanto, para Kirk, era produzir amostras de uma filmagem para um documentário e ver se conseguia obter um financiamento. Essas apostas permitem que você, temporariamente, explore os caminhos específicos que estão em volta de sua missão geral, procurando por aqueles com a maior chance de levar para resultados incríveis.

Se o capital de carreira torna possível a identificação de uma missão atraente, então é uma estratégia de pequenas apostas que dá a você o tiro certeiro para ser bem-sucedido em sua missão. Para implementar essa tática de carreira, você precisa dessas duas peças. No entanto, como aprenderá no próximo capítulo, a história da missão ainda não está completa. Conforme eu continuava a estudar esse assunto, descobri uma terceira estratégia final para ajudar a integrar essa característica na busca pelo trabalho que você ama.

Capítulo Quinze

Missões Necessitam de Marketing

*No qual argumento que grandes missões são transformadas em grandes sucessos como resultado da descoberta de projetos que satisfaçam a **lei da notabilidade**, a qual exige que uma ideia motive as pessoas a comentar sobre ela e seja lançada em um foro onde tais comentários sejam facilitados.*

A Vida Notável de Giles Bowkett

Giles Bowkett ama o que faz para ganhar a vida. Na verdade, meu primeiro encontro com Giles foi via um e-mail que ele me enviou com o seguinte assunto: "Minha vida notável."

Mas nem sempre Giles adorou sua carreira. Houve momentos em que ele estava sem dinheiro e desempregado, e outros em que sofreu com empregos que o entediavam demais. A virada aconteceu em 2008, quando Giles se tornou uma estrela na comunidade dos programadores de computador especializados na linguagem chamada Ruby. "Era como se cada programador Ruby no planeta soubesse meu nome", disse-me ele, ao refletir sobre o novo status de celebridade. "Eu literalmente conheci pessoas da Argentina e da Noruega que não apenas sabiam quem eu era, mas ficaram absolutamente chocadas por eu não *esperar* que elas soubessem quem eu era."

Eu me aprofundarei nos detalhes de *como* Giles se tornou um astro em breve, mas quero enfatizar agora que essa fama lhe permitiu assumir o controle de sua carreira e transformá-la em algo que ama. "Eu tinha muito interesse nas empresas em São Francisco e no Vale do Silício", contou-me ele, lembrando daquele período que começou em 2008. Ele decidiu aceitar um trabalho na ENTP, uma das principais empresas de programação Ruby do país. Teve seu salário dobrado e foi colocado para trabalhar em projetos interessantes. Em 2009, Giles se empolgou com a ideia do empreendedorismo. Ele saiu da ENTP e desenvolveu um blog e uma coleção de mini aplicativos de internet que logo trouxeram dinheiro suficiente para sustentá-lo. "Eu tinha um público ansioso em saber qual era a minha opinião em assuntos diversos", disse-me ele. "Em muitos casos, eles ficavam felizes em me pagar em dinheiro apenas para me fazer uma pergunta."

Mais à frente, decidiu que já estava satisfeito com o estilo de vida solo ("trabalhar em casa é algo esquisito se você não tem um colega de quarto, uma namorada ou mesmo um cachorro"), então, atrás de um interesse de longa data, que era o de fazer filmes, foi trabalhar para a hitRECord, uma empresa criada pelo ator Joseph Gordon-Levitt que oferece uma plataforma baseada na internet para projetos de mídia colaborativos. A remuneração não era grande coisa ("o entendimento de Hollywood sobre o quanto

Missões Necessitam de Marketing

programadores devem receber é algo totalmente impreciso"), mas parecia oferecer muita diversão — um dos critérios mais importantes na vida profissional de Giles. "Foi uma ótima experiência", contou-me ele. "Consegui sair por aí com um dos astros do filme *A Origem* e com o próximo ator de *Batman*, bebendo umas cervejas na casa deles, esse tipo de coisa." Conheci Giles logo após ele perder o encanto por Hollywood e novamente seguir em frente. Um editor pediu que ele escrevesse um livro, e ele concordou — e por que não? Parecia ser algo interessante para fazer.

A velocidade com que Giles salta de uma oportunidade para outra pode parecer desorientadora, mas esse estilo de vida é a combinação perfeita para sua personalidade hipercinética. Por exemplo, uma das técnicas de palestra favoritas de Giles é começar a falar cada vez mais rápido, acompanhando seu discurso com uma série rápida de slides, cada um deles mostrando uma palavra-chave que pisca na tela no exato momento em que a pronuncia — o equivalente em oratória ao efeito da cafeína. Ou seja, ele usou o capital de carreira para desenvolver uma carreira apropriada à sua personalidade, e por isso agora ele ama sua vida profissional.

A razão pela qual estou contando a história de Giles aqui na Regra 4 é que, no centro da ascensão dele para a fama, estava sua *missão*. Em mais detalhes, Giles se comprometeu com a missão de juntar o mundo da arte e o da programação Ruby. Ele cumpriu bem esse compromisso quando lançou o Archaeopteryx, um programa de inteligência artificial de código aberto que escreve e toca sua própria dance music. Ver o Archaeopteryx em ação pode ser meio estranho: um comando inócuo digitado na linha de co-

REGRA 4 Pense Pequeno, Aja Grande

mando do Mac dá início a uma batida techno, agressiva e complicada. Um único valor é mudado nas matrizes das probabilidades bayesianas subjacentes ao motor de IA e, de repente, as batidas se transformam em algo totalmente diferente. É como se a criatividade musical tivesse sido reduzida a uma série de equações e algumas linhas do código conciso. Esse feito tornou Giles um astro.

Mas a questão que mais me interessa sobre Giles é como ele fez esse salto de uma missão geral — juntar arte e programação Ruby — para um projeto específico que o deixou famoso: Archaeopteryx. No último capítulo, destaquei a importância da utilização de *pequenas apostas* para testar uma boa maneira de avançar da missão geral para um projeto específico. Mas Giles adiciona outra camada de nuance a esse objetivo. Ele abordou a tarefa de encontrar bons projetos para sua missão com a mentalidade de um profissional de marketing, sistematicamente estudando livros sobre o assunto para ajudar a identificar por que algumas ideias dão certo enquanto outras não. Sua abordagem centrada no marketing é útil para qualquer pessoa que esteja procurando exercer uma missão como parte de sua busca pelo trabalho que ama.

Vacas Roxas e Estrelas do Código Aberto

A história da carreira de Giles começa quando, depois de um ano, ele abandona a faculdade em Santa Fé. Ele tentou escrever roteiros, "mas eles não eram bons", e tentou escrever músicas, "no que eu era melhor, mas não dava dinheiro". Ele também teve empregos temporários. Giles foi atraído pelo pessoal do design gráfico nas empresas em que trabalhou e lhe apresentou uma nova linguagem de marcação peculiar, que estava destinada a mudar o mundo do design — uma linguagem chamada HTML. Giles desenvolveu sua primeira página na internet em 1994, e em 1996 mudou-se para São Francisco, levando com ele livros sobre Java e Perl, linguagens de programação básica na formação da internet. Ele ganhou US$30 mil em 1994. Em 1996, esse número saltou para US$100 mil. A bolha do pontocom inflava rapidamente e Giles estava no lugar certo, com as habilidades certas, na hora certa.

A princípio, as coisas correram bem para Giles em São Francisco. Ele gostava de criar sites e no tempo livre envolveu-se na cena local dos DJs. Mas as carreiras têm dinâmica própria e logo ele se viu programando para um banco de investimento. "Eu estava totalmente entediado", lembrou ele, "então decidi fazer algo mais ousado: me candidatar para uma startup que era realmente interessante". No dia seguinte de sua candidatura a startup quebrou. O primeiro colapso das empresas pontocom havia se iniciado. "Não demorou para que eu fosse o único entre meus amigos que tinha emprego", lembrou ele. "Conversei com um recrutador sobre encontrar algo que eu gostasse mais e ele me disse que eu deveria estar agradecido por ter um emprego."

No entanto, Giles, sendo Giles, ignorou o recrutador, saiu do emprego e voltou para Santa Fé. Ele morou em um trailer alugado nas terras de seus pais e os ajudou a construir uma casa com energia solar, enquanto fazia cursos na faculdade comunitária local. Estudou pintura, canto, piano, e, talvez o mais importante, engenharia de estúdio, a aula que lhe apresentou música aleatória: composições que usam algoritmos. Foi aqui, entre os cursos de arte e as paisagens do deserto, que Giles tomou uma decisão fundamental. Percebeu que ter uma carreira anticonvencional poderia lhe levar a um território perigoso, como sentir-se entediado enquanto escreve códigos de computador para um banco de investimentos. Ele precisava de uma missão para guiar ativamente sua carreira ou acabaria se sentindo preso novamente. Então decidiu que uma boa *missão* para ele seria algo que combinasse os lados artístico e técnico de sua vida, mas não sabia como transformar essa ideia geral em uma realidade lucrativa, então continuou procurando por respostas. Ele achou o que procurava em um improvável par de livros.

"Ou você é notável ou invisível", diz Seth Godin em seu bestseller de 2002, *A Vaca Roxa*.[1] Como ele elaborou em um manifesto na *Fast Company* sobre o assunto: "O mundo está repleto de coisas chatas — vacas marrons — às quais, por isso mesmo, poucas pessoas prestam atenção... Uma vaca roxa... bem, isso se destaca. Um marketing notável é a arte de construir coisas que valem a pena ser notadas."[2] Quando Giles leu o livro de Godin, teve uma epifania. Para sua missão de construir uma carreira sustentável, ele tinha que produzir vacas roxas, o tipo de projetos notáveis que motivam as pessoas a espalhar a boa nova.

Missões Necessitam de Marketing 189

Mas isso trouxe uma segunda pergunta: No mundo da programação de computadores, onde podemos lançar projetos notáveis? Ele achou a segunda resposta em um guia de carreiras de 2005 com um título peculiar: *My Job Went to India: 52 Ways to Save Your Job*.[3] O livro foi escrito por Chad Fowler, um programador Ruby conhecido que também se interessava por conselhos de carreira para desenvolvedores de software. Entre as 52 estratégias de Fowler está a ideia de que o candidato a um emprego deve alavancar o movimento de software com código aberto. Esse movimento reúne programadores de computador que se voluntariam para desenvolver um software livremente disponível e modificável. Fowler defende que essa comunidade tem elevado respeito e visibilidade. Se quer fazer seu nome na área do desenvolvimento de software — o tipo de nome que o ajudará a garantir um emprego — foque a atenção em fazer contribuições de qualidade em projetos de código aberto. É aí onde as pessoas que importam procuram por talentos.

"Nesse momento, eu basicamente somei dois mais dois", disse-me Giles. "As sínteses dos livros *Vaca Roxa* e *My Job Went to India* dizem que a melhor maneira para se promover como programador é criar um software de código aberto notável. Então foi o que fiz."

Seguindo o conselho de Godin, Giles teve a ideia para o Archaeopteryx, seu criador de música conduzido por inteligência artificial. "Acho que não existia mais ninguém com minha combinação de qualificações", disse ele. "A grande maioria dos programadores Ruby adoram dance music, mas acho que nenhum deles sacrificou o mesmo número ridículo de horas ajustando batidas e trechos de sintetizadores repetidamente, lançando discos que nunca deram um centavo e estudando teoria musical." Ou seja, a habilidade de Giles de produzir um programa Ruby que produzisse música real era única: se ele conseguisse, seria uma vaca roxa.

Baseado no conselho de Fowler, Giles decidiu que a comunidade de código aberto era o lugar perfeito para apresentar essa vaca roxa ao mundo. Juntamente com o lançamento do Archaeopteryx como código aberto, ele pegou a estrada para contar para o mundo. "Basicamente, *levei* longe o conselho de Chad Fowler e fui conversar com quase todos os grupos de usuários e conferências que pude — no mínimo 15 em 2008." Essa estratégia híbrida Godin/Fowler funcionou. "Eu recebia propostas de todos os lugares", lembrou Giles. "Trabalhei com os melhores da minha área. Me pediram para que eu escrevesse um livro sobre o Archaeopteryx. Eu podia cobrar muito mais dinheiro do que estava acostumado a ganhar." Ou seja, uma estratégia que transformou a missão dele em um sucesso.

A Lei da Notabilidade

Refletindo sobre a história de Giles, volto sempre ao mesmo adjetivo: "notável." O que Giles descobriu, eu concluí, é que um bom projeto motivado por uma missão tem que ser notável em duas maneiras diferentes. Primeiro, deveria ser notável no sentido literal de cativar as pessoas para falar sobre ele. Para entender essa característica, primeiro daremos uma olhada em algo no qual ela *falta*. Antes de lançar o Archaeopteryx, Giles trabalhou em outro projeto de código aberto. Ele coletou ferramentas de linhas de comandos populares e combinou-as com um pacote com uma documentação consistente. Se perguntar para um programador Ruby sobre esse projeto, ele

Missões Necessitam de Marketing

lhe dirá que se trata de um trabalho sólido, de qualidade e útil. Mas não é o tipo de conquista que motivaria esses mesmos programadores Ruby a escreverem para seus amigos e dizer: "Você tem que ver isso!"

Nas palavras de Seth Godin, esse primeiro projeto era uma "vaca marrom". Já ensinar um computador a escrever sua própria música complexa é uma vaca roxa, pois inspira as pessoas a notar, e espalhar, a notícia.

O legal sobre a primeira noção da notabilidade é que pode ser aplicada em qualquer área. Escrever um livro, por exemplo. Se eu publicar um livro sobre orientações sólidas sobre como ajudar recém-graduados na transição para o mercado de trabalho, você pode até achar isso uma contribuição útil, mas provavelmente não se veria pegando o celular e tuitando sobre seus benefícios. Por outro lado, se eu publicar um livro que diga "seguir sua paixão" é um mau conselho, (espero) que isso o cative para espalhar a notícia. É isso! O livro que está segurando foi concebido desde o início com a esperança de ser visto como "notável".

No entanto, há também um segundo tipo de notabilidade em ação. Giles não apenas achou um projeto que gera comentários, mas também espalhou a notícia sobre o projeto em um meio que *apoia* esses comentários. O meio, nesse caso, foi a comunidade de software de código aberto. Como ele aprendeu com Chad Fowler, há uma infraestrutura estabelecida nessa comunidade para notar e divulgar a notícia sobre projetos interessantes. Sem essa propensão para conversar, uma vaca roxa, embora impressionante, pode nunca ser vista. Para ser mais concreto, se Giles tivesse lançado o Archaeopteryx como um software comercial de código fechado,

192   **REGRA 4**   Pense Pequeno, Aja Grande

talvez tentando vendê-lo para um site chamativo ou para convenções de música, provavelmente não teria feito o sucesso que fez.

Novamente, essa noção de notabilidade se aplica além do mundo de Giles dos programadores Ruby. Retornando ao meu exemplo sobre escrever livros de orientação de carreira, eu percebi logo no começo do processo que fazer um blog foi um caminho notável para apresentar minhas ideias. Blogs são visíveis e existe uma infraestrutura para boas ideias que se espalham rápido, por exemplo, por meio de tuítes, Facebook e links. Por causa dessa propensão à notabilidade, na época em que vendi este livro aos editores, além de ter um grande público que apreciava minha visão sobre habilidade e paixão, o *meme* tinha se espalhado. Jornais e grandes sites ao redor do mundo começaram a citar meus pensamentos sobre esses assuntos e meus artigos circulavam online e eram tuitados milhares de vezes. Se eu tivesse decidido confinar minhas ideias em palestras pagas, por exemplo, minha missão de mudar o jeito que pensamos sobre nossas carreiras estaria estagnada — o meio não seria suficientemente notável.

Para ajudar a organizar nosso pensamento, resumirei essas ideias em uma lei sucinta:

A Lei da Notabilidade

*Para um projeto motivado por uma missão ser bem-sucedido, ele deve ser **notável** de duas maneiras diferentes. Primeiro, deve motivar as pessoas que o encontram a comentar sobre ele com outras pessoas. Segundo, deve ser lançado em um meio que apoie essa notabilidade.*

Uma vez que enunciei essa lei, comecei a notar que ela faz parte dos exemplos de missão que encontrei anteriormente e que conduzem a uma carreira atraente. A fim de ajudar a consolidar essa abordagem centrada no marketing para a missão, vale a pena reservar um momento para voltar a esses exemplos e destacar a lei em ação.

A Lei em Ação

A missão geral de Pardis Sabeti era usar a genética para lutar contra doenças infecciosas na África. Essa é uma boa missão, mas só ela não garante o tipo de vida plena que Pardis leva. Na verdade, muitos pesquisadores compartilham essa mesma missão e estão fazendo uma boa ciência básica — como sequenciar genes dos vírus —, mas eles particularmente não têm carreiras atraentes. Ao contrário de Pardis, que perseguiu essa missão ao lançar um projeto interessante: usar computadores poderosos para buscar exemplos de humanos desenvolvendo resistência a doenças antigas. Se quiser evidências da notabilidade dessa abordagem, procure nos títulos chamativos dos muitos artigos que foram escritos no Lab Sabeti — artigos com títulos tais como "5 Questions for the Woman OMS Tracks Our DNA Foot prints" (*Discover*, abril de 2008), "Picking Up Evolution's Beat" (*Science*, abril de 2008), e "Are We Still Evolving?" (*BBC Horizon*, março de 2011). Esse é um projeto que motiva as pessoas a falarem sobre ele. É uma vaca roxa.

Ao procurar um projeto notável, Pardis cumpriu a primeira parte da lei da notabilidade. A segunda parte necessitou que ela lançasse seu projeto em um meio que apoiasse os comentários. Para Pardis, como para todos os cientistas, essa é a parte mais fácil. Publicações revisadas por colegas são um sistema desenvolvido em torno da ideia de possibilitar a divulgação de boas ideias. Quanto melhor a ideia, mais conceituada é a revista que irá publicá-la. Quanto melhor a revista em que o artigo é publicado, mais pessoas irão lê-lo. E, quanto mais pessoas o lerem, mais será citado, discutido em conferências, e mais influenciará a área em geral. Se você for um cientista com uma ideia notável, não há dúvida de qual é o melhor meio para espalhá-la: publique! Foi exatamente isso que Pardis fez com o artigo na *Nature* que começou a construir sua reputação.

Com Kirk French também vemos a lei da notabilidade em ação. Sua missão geral era popularizar a arqueologia moderna. Existem muitas maneiras não notáveis de buscar essa missão. Por exemplo, ele poderia trabalhar para fazer o currículo de arqueologia da Penn State mais convidativo para os alunos de graduação ou publicar artigos na área de interesses gerais em revistas de ciência. Mas esses projetos não teriam gerado o tipo de sucesso que chama atenção e pode transformar sua carreira em algo atraente. Em vez disso, Kirk decidiu ir diretamente à casa das pessoas e usar técnicas de arqueologia para ajudá-las a descobrir o significado (se houvesse) de tesouros de família. Essa abordagem é notável — o que é reforçado pelos inúmeros convites para palestras que Kirk agora recebe, incluindo uma oportunidade recente de discursar na maior conferência de sua área sobre lições aprendidas como popularizador. Quando ele discursou, a multidão lotou o auditório (um feito impressionante para alguém que tinha acabado de obter seu doutorado).

Nesse exemplo, Kirk tinha um projeto notável para apoiar sua missão — agora tudo que ele precisava era um meio propício aos comentários. Ele o encontrou na televisão. Somos uma sociedade treinada para assistir o que está acontecendo e, então, discutir no outro dia o que nos chamou a atenção.

Resumo da Regra 4

A ideia central deste livro é simples: para construir o trabalho que você ama, é preciso em primeiro lugar desenvolver capital de carreira aperfeiçoando habilidades raras e valiosas, e, então, lucrar com esse capital por intermédio das características que definem uma carreira atraente. A **missão** é uma dessas características.

No primeiro capítulo dessa regra, reforcei a ideia de que essa característica, como todas as outras características desejadas, de fato exige capital de carreira — não é possível pular e ir direto para uma grande missão sem antes desenvolver domínio em sua área. Baseado na terminologia de Steven Johnson, afirmei que as melhores ideias para missões são encontradas no **possível adjacente** — uma região além da atual vanguarda.

Porém, para encontrar essas ideias, você deve primeiro chegar na vanguarda, o que requer expertise. Tentar implementar uma missão quando se é novo em uma área e lhe falta capital de carreira é um empreendimento fadado ao fracasso.

Entretanto, uma vez identificada uma missão geral, você ainda tem a tarefa de lançar projetos específicos que se tornem bem-sucedidos. Uma estratégia eficaz para alcançar essa tarefa é tentar dar pequenos passos que geram feedback imediato — as **pequenas apostas** — e, então, usar esse feedback, seja ele bom ou ruim, para o auxiliar a descobrir o que tentar a seguir. Essa exploração sistemática pode ajudá-lo a descobrir uma maneira excepcional de progredir que você não teria notado.

Essa lei diz que, para um projeto transformar-se em uma missão de sucesso, precisa ser notável de duas maneiras. Primeiro, deve literalmente motivar as pessoas a comentar sobre ele. Segundo, deve ser lançado em um meio propício para esses comentários.

Em resumo, missão é uma das características mais importante que você deve adquirir com seu capital de carreira. Mas adicionar essa característica à sua vida profissional não é fácil. Uma vez tendo capital para identificar uma boa missão, você ainda deve trabalhar para que ela tenha sucesso. Usando pequenas apostas e a lei da notabilidade, você aumenta imensamente suas chances de encontrar maneiras de transformar sua missão de uma ideia atraente para uma carreira atraente.

Conclusão

Minha História Recomeça

Na introdução deste livro descrevi as circunstâncias que me lançaram na busca que você acabou de ler. Meu tempo como estudante de pós-graduação e pós-doutorado aproximava-se do fim, e eu estava prestes a entrar no mercado de trabalho acadêmico. Ser bem-sucedido como professor, eu sabia, não era uma tarefa fácil. Se não estiver no controle da sua carreira, ela pode usá-lo e jogá-lo fora. Para deixar as coisas mais difíceis, eu estava entrando nesse mercado em uma época em que a economia estava mal, de modo que havia uma possibilidade de eu não encontrar de jeito algum um cargo acadêmico que servisse para mim, o que me forçaria a começar a pensar do zero sobre minha carreira. E toda essa incerteza fez a pergunta a seguir parecer urgente: *Como as pessoas acabam amando o que fazem?*

O ano de 2010 entrava na reta final quando comecei a enviar currículos para empregos acadêmicos. No início de dezembro, eu tinha me candidatado a 20 cargos. Uma peculiaridade sobre o processo de busca por um emprego acadêmico é que seus colegas esperam que isso exija muito e, portanto, não lhe dão muitas tarefas. E, embora o processo seja de fato exigente, essas exigências vêm em ondas, deixando longos períodos de inatividade. Sem muito trabalho pela frente, você pode ficar desconfortavelmente ocioso. Foi quando, na passagem de novembro para dezembro, no momento que tinha acabado de candidatar-me a 20 vagas, que pela primeira vez desde minhas férias da faculdade eu não tinha muita coisa para fazer.

Com tempo disponível, pude finalmente levar minha busca a sério. Foi nessa ocasião que comecei a procurar por histórias de carreira de pessoas, tanto as que eram bem-sucedidas quanto as que fracassaram, para ver o que eu poderia aprender. Foi em novembro, por exemplo, que me encontrei pela primeira vez com Thomas, cujo caso abre este livro. As histórias que encontrei naquele período consolidaram a ideia que eu já suspeitava ser verdade: "seguir sua paixão" é um mau conselho. Mas essa certeza só trouxe a tarefa mais difícil de descobrir quais estratégias para uma carreira feliz funcionam.

Minha busca por essa resposta foi adiada nos meses de janeiro e fevereiro conforme meu processo de procura por um emprego ganhava força. Passei a me preparar para minha apresentação e examinar as ofertas de entrevistas que começaram a aparecer. No começo de março fiz uma viagem de entrevistas que incluía uma parada na universidade Georgetown. Tudo ali parecia perfeito. Felizmente, na época eu tinha uma outra oferta com um prazo apertado. Eu disse aos meus contatos da Georgetown que havia gostado da visita e que estava interessado no cargo, mas que eu tinha uma proposta com um prazo mais curto. Mais tarde naquela noite recebi o e-mail fundamental do diretor do comitê de seleção. Era conciso, apenas três sentenças:

Nós teremos uma oferta para você na quinta. Precisamos apenas saber como podemos contatá-lo para

Conclusão

comunicá-la à tarde. Seu celular é o melhor jeito de encontrá-lo?

Declinei algumas entrevistas que estavam agendadas mais à frente e aceitei a oferta da Georgetown. Minha sorte na carreira havia sido lançada: eu seria professor. Era a segunda semana de março quando me retirei formalmente do mercado de trabalho. Eu começaria a dar aulas em agosto. Isso deixou uma lacuna de quatro meses para finalizar as respostas para minhas insistentes e opressivas perguntas de carreira. Agora eu tinha um trabalho, mas precisava descobrir como transformá-lo em algo que eu amasse. Foi durante aqueles meses que caí na estrada, realizando as entrevistas que formaram a base das Regras 2 a 4.

Agora que estou escrevendo esta conclusão, faltam duas semanas para meu primeiro semestre como professor. Tenho trabalhado arduamente durantes os últimos meses não apenas para finalizar a busca que descrevi neste livro, mas também para escrever sobre minhas experiências do jeito que as encontrou. (Assinei o contrato para este livro apenas duas semanas depois de aceitar minha oferta na Georgetown.) Esta conclusão é a última parte deste livro a ser escrita e o momento não podia ser melhor. Estou folheando estes manuscritos dias antes de voltar a atenção para a nova vida como professor — permitindo-me iniciar esse novo capítulo da minha carreira com confiança no que devo fazer para levá-la a um lugar notável.

Minha busca, claro, encobriu várias ideias surpreendentes. Caso seu objetivo seja amar o que faz, descobri que "seguir sua paixão" pode ser um mau conselho. É mais importante tornar-se raro e valioso e, então, investir o *capital de carreira* que isso gera naquelas características que tornam um trabalho algo notável. As características de *controle* e *missão* são aspectos muito bons para se começar. Meu objetivo para esta parte final do livro é descrever como apliquei essas ideias em minha própria vida profissional. Ou seja, quero levá-lo para dentro do meu processo e destacar as maneiras específicas nas quais as ideias das Regras 1 a 4 têm um papel nesse primeiro estágio de minha nova carreira. Obviamente essas ações são tentativas — não sou professor a tempo o suficiente para ver como todas elas se saem —, mas são essas tentativas, penso eu, que as tornam mais relevantes. Elas oferecem um exemplo real de mundo do tipo de ações concretas que você pode tomar *agora mesmo* para começar a aplicar as lições deste livro em sua própria vida pessoal. Suas decisões serão diferentes das minhas, mas espero que encontre nesta conclusão um sentido melhor do que significa reformular uma carreira para se adequar a essa nova maneira de pensar em como criar o trabalho que ama.

Como Apliquei a Regra 1

A Regra 1 argumenta que "seguir sua paixão" é um mau conselho, já que a grande maioria das pessoas não tem uma paixão preexistente esperando para ser descoberta e combinada com uma carreira. O caminho real para o trabalho que ama, como a regra observou, é geralmente mais complicado. Eu não encontrei essa ideia de primeira durante minha busca, em vez disso foi algo que já suspeitava ser verdadeiro. Embora o capítulo da Regra 1 descreva meus esforços recentes para encontrar evidências reais para essa intuição, as sementes desse pensamento foram plantadas há muito tempo.

Conclusão 201

A história de minha aversão à paixão começa no ensino médio, quando meu amigo Michael Simmons e eu começamos uma empresa de Web Design. Nós a chamamos de Princeton Web Solutions. A origem da empresa foi modesta. Estávamos no fim dos anos 1990 — na época do primeiro boom das pontocom — e a imprensa estava obcecada com histórias de adolescentes CEOs que ganhavam milhões. Michael e eu achamos isso muito interessante — certamente uma maneira melhor de ganhar dinheiro do que em nossos trabalhos-padrão de verão. Nós tentamos pensar em uma ideia nova e criativa para uma empresa de alta tecnologia — algo na linha da nova Amazon.com —, mas tivemos dificuldade em achar essa ideia e acabamos voltando para uma outra que havíamos prometido não seguir: design de sites da web. Para ser exato, não estávamos seguindo nossa vocação de maneira alguma. Estávamos entediados, disponíveis e éramos ambiciosos — uma combinação perigosa — e começar uma empresa parecia tão promissor quanto qualquer outra coisa que pudéssemos imaginar.

A Princeton Web Solutions não foi um sucesso meteórico, mas isso foi em parte intencional, pois realmente não queríamos investir o tempo necessário para o crescimento de uma empresa séria. Durante nosso último ano no ensino médio, trabalhamos com seis ou sete clientes, incluindo uma firma de arquitetura e uma faculdade técnica locais e um mal concebido —, mas estranhamente bem financiado — portal da web para idosos. A maioria desses contratos pagava ente US$5 mil e US$ 10 mil, um bom dinheiro que repassávamos para uma equipe de subcontratados indianos, que fazia a maior parte do trabalho de programação atual. Quando Michael e eu fomos para a faculdade — ele para NYU e eu para Dartmouth — decidi que não queria mais trabalhar na empresa de design e comecei a interessar-me por coisas mais urgentes, como garotas.

Para várias pessoas da minha geração, rejeitar o "siga a sua paixão" como conselho de carreira é uma heresia. Mas eu nunca senti a mesma atração pelo culto da paixão e dou crédito a minha experiência com a Princeton Web Solutions. Como mencionei, começar uma empresa não teve nada a ver com seguir uma paixão. Uma vez que Michael e eu descobrimos como manter os negócios funcionando, no entanto, essa habilidade acabou tornando-se algo raro e valioso (especialmente para as pessoas com nossa idade). Então esse capital de carreira poderia ser aproveitado em uma série de experiências empolgantes e diferentes. Passamos a usar ternos e fazer apresentações em salas de diretoria. Ganhamos dinheiro o suficiente para nunca mais nos preocupar em não poder comprar as coisas que os adolescentes compram. Nossos professores estavam impressionados com nossa empresa e nos permitiam que extra oficialmente faltássemos quando tivéssemos reuniões. Revistas escreveram sobre nós, fotógrafos vinham tirar fotos nossas para os jornais e toda essa experiência certamente teve um papel muito grande em nossa admissão em faculdades de elite.

As características capazes de transformar sua vida em algo interessante, como aprendi, têm pouco a ver com a introspecção da alma. A Princeton Web Solutions, em outras palavras, me vacinou contra a ideia de que a felicidade profissional requer uma vocação.

Uma vez na faculdade, e graças à minha experiência precoce, encarei com curiosidade a preocupação de meus colegas de classe com a questão do que queriam fazer de suas vidas. Para eles, algo básico como escolher uma especialização virara uma questão de importância cósmica. Eu achava aquilo algo sem noção. Para mim,

Conclusão

o mundo estava repleto de oportunidades como a Princeton Web Solutions esperando para serem exploradas e tornar sua vida mais interessante — oportunidades que não tinham nada a ver com a identificação de inclinações predestinadas.

Motivado por essa percepção, enquanto meus colegas de classe contemplavam suas verdadeiras vocações, eu procurava por oportunidades de dominar habilidades raras que produziriam grandes recompensas. Comecei aperfeiçoar minhas habilidades de estudo para me tornar o mais eficiente possível. Isso levou um semestre de experimentos sistemáticos e subsequentemente me levou a três anos consecutivos de notas 4.0 na média, um período durante o qual eu nunca passava a noite em claro e raramente estudava após o jantar. Eu tirei vantagem desse conhecimento publicando um guia de conselhos para estudantes. Essas experiências me ajudaram a desenvolver uma vida de aluno empolgante — eu era, imagine, o único estudante do campus de Dartmouth que recebia ligações constantes de seu agente literário —, mas nada veio por meio de uma busca por uma paixão preexistente. Aliás, a motivação para escrever meu primeiro livro foi o desafio de um empreendedor que admiro e que conheci em uma noite de bebedeira: "Não apenas fale sobre algo", repreendeu-me ele, quando casualmente mencionei a ideia do livro. "Se você acha que será legal, faça." E essa pareceu uma boa razão para que eu o fizesse.

Quando chegou a época de decidir o que faria após a faculdade, eu tinha duas ofertas em mãos, uma da Microsoft e outra do MIT. Esse é o tipo de decisão que paralisaria meus colegas de classe. Eu, no entanto, não vi razões para me preocupar. Os dois caminhos, eu estava certo, renderiam inúmeras oportunidades que poderiam ser vantajosas para obter uma vida notável. Acabei escolhendo o MIT — entre outras razões, para ficar próximo da namorada.

A questão que estou tentando mostrar nesta seção é que a base da ideia da Regra 1 surgiu em mim *antes* da busca começar e, na verdade, era algo que eu havia internalizado logo no início do ensino médio. Portanto, quando no fim de 2011 estava encarando um período de incerteza, sem saber direito se me tornaria professor ou se faria algo completamente diferente, essa mentalidade da Regra 1 salvou-me de preocupações desnecessárias sobre qual desses caminhos era minha verdadeira vocação. Eu estava absolutamente confiante de que, se abordado da forma correta, qualquer um dos caminhos me propiciaria uma carreira que eu amaria. Descobrir como alcançar essa meta, contudo, era menos certo, e foi essa pergunta que me levou às ideias descritas nas Regras 2 a 4.

Como Apliquei a Regra 2

A Regra 1 argumentou que "seguir sua paixão" é um mau conselho. E isso me motivou na busca para descobrir o que *realmente* importa para a criação do trabalho que você ama. A Regra 2 descreveu a primeira ideia que encontrei depois que minha busca começou. As coisas que tornam um trabalho notável, a regra dizia, são raras e valiosas. Se você as quer em sua carreira, precisa de habilidades raras e valiosas para oferecer em troca. Ou seja, se não está se esforçando para se tornar, como Steve Martin disse, "tão bom que eles não poderão ignorar você", é provável que você acabe não amando seu trabalho — independentemente de crer ou não que seja sua vocação.

Introduzi o termo *capital de carreira* para descrever essas habilidades raras e valiosas, e percebi que a parte complicada é descobrir como adquirir esse capital. Por definição, se é raro e valioso, não é fácil conseguir. Essa ideia me levou ao mundo da ciência do desempenho, no qual encontrei o conceito da *prática deliberada* — um método para desenvolver habilidades, ampliando-as implacavelmente além de sua zona de conforto. Como descobri, músicos, atletas e enxadristas, entre outros, sabem tudo sobre a prática deliberada, mas trabalhadores do conhecimento, não. A maioria dos trabalhadores do conhecimento evita o esforço desconfortável da prática deliberada como se fosse uma praga, uma realidade enfatizada pelo hábito dos trabalhadores de escritório de checar a toda hora a caixa de e-mails — o que mais seria isso senão uma fuga do trabalho mental exigente?

Conforme pesquisava essas ideias, eu ficava cada vez mais preocupado sobre o estado atual de minha carreira acadêmica. Eu temia que minha taxa de aquisição de capital de carreira estivesse diminuindo. Para compreender essa preocupação, você deve entender que a pós-graduação e os anos de pós-doutorado que seguem proporcionam uma experiência de crescimento desigual. Logo no começo desse processo, você é constantemente empurrado para o desconforto intelectual. Um conjunto de problemas matemáticos de nível de pós-graduação — com o qual tenho muita experiência — é o exercício de prática deliberada mais puro que existe. Você recebe um problema e não tem ideia de como resolvê-lo, mas se não o fizer ficará com uma nota ruim, então se aprofunda e tenta o máximo que pode, fracassando repetidamente, já que caminhos diferentes levam a becos sem saída. O esforço mental de reunir cada neurônio disponível para resolver o problema, motivado pelo medo de tirar um zero na prova, é um bom resumo do que exatamente é necessário para se melhorar segundo a literatura da prática deliberada. É por isso que, logo no começo de suas carreiras, estudantes de pós-graduação dão grandes saltos em suas habilidades.[1]

Porém, em um curso orientado para a pesquisa como o oferecido pelo departamento de ciência da computação do MIT, o ritmo dos trabalhos oferecidos diminui após os primeiros dois anos, com a expectativa de que seus esforços de pesquisa saiam do alcance dos orientadores e sigam uma trajetória autodirigida. É nesse ponto que, se você não continuar avançando, seu desenvolvimento pode arrefecer e começar a se acomodar no que o cientista de desempenho Anders Ericsson chamou de um "nível aceitável", no qual você acabará por ficar estacionado. A pesquisa motivada pela Regra 2 me ensinou que esses patamares são perigosos porque cortam seu suprimento de capital de carreira, enfraquecendo, assim, sua capacidade de permanecer estruturando sua vida profissional ativamente. Conforme minha busca continuava, ficou claro que eu precisava introduzir algumas estratégias práticas em minha vida profissional que me forçariam, novamente, a fazer da prática deliberada uma companheira regular na rotina diária.

De acordo com a lenda, Richard Feynman, o físico teórico ganhador do Prêmio Nobel que obteve um QI de 125, ligeiramente acima da média, quando foi testado no ensino médio. No entanto, em suas memórias, encontramos pistas de como ele passou de uma inteligência modesta a gênio, quando ele fala de sua compulsão em derrubar teses importantes e conceitos matemáticos até conseguir entender o conceito completamente. Ou seja, é possível que sua inteligência fosse menos um presente de Deus e mais uma decor-

Conclusão

rência da dedicação à prática deliberada. Motivado pela minha pesquisa e por exemplos como o de Feynman, decidi que focar minha atenção no entendimento completo dos resultados mais difíceis da minha própria área seria um bom primeiro passo em direção à revitalização da minha reserva de capital de carreira.

Para tanto, escolhi uma tese bem citada em meu nicho de pesquisa, mas também considerada algo obtuso e difícil de seguir. A tese se centrava em um resultado único — a análise de um algoritmo que oferece a solução mais conhecida para um problema conhecido. Muitas pessoas citaram esse resultado, mas poucas entenderam os detalhes que o apoiavam. Decidi que dominar essa notória tese seria uma introdução perfeita para meu novo regime de prática deliberada autoimposta.

Aqui está minha primeira lição: esse tipo de desenvolvimento da habilidade é difícil. Quando topei com a primeira lacuna complicada no argumento da prova principal da tese, enfrentei imediatamente resistência interna. Era como se minha mente percebesse o esforço que eu estava prestes a pedir que ela fizesse e como resposta ela liberava uma onda de protestos neurais, a princípio distantes, mas conforme eu persistia, se avolumava, acabando com minha concentração.

Para combater essa resistência, implementei dois tipos de estruturas. A primeira foi a *estrutura de tempo*: "Trabalharei nisso durante uma hora", dizia a mim mesmo. "Não me importo se meus esforços derem em nada ou se eu não fizer nenhum progresso, na próxima hora esse é todo o meu mundo." Mas claro que eu não desistia e claro que fazia progressos. Levava, em média, dez minutos para que as ondas de resistência diminuíssem. Esses dez minutos eram sempre difíceis, mas saber que meus esforços tinham um limite de tempo ajudava a garantir que a dificuldade era administrável.

O segundo tipo de estrutura que eu implementei foi a *estrutura da informação* — uma maneira de capturar os resultados do foco concentrado de uma forma útil. Comecei desenvolvendo um mapa de provas que capturava as interdependências entre elas. Isso era difícil, mas não muito, e eu buscava conforto no empenho em entender os resultados. Então avancei dos mapas para pequenos testes autoadministrados que me forçavam a memorizar as principais definições usadas pela prova. E, de novo, essa era uma tarefa relativamente fácil, mas mesmo assim exigia concentração e o resultado foi um entendimento crucial para analisar a matemática detalhada que viria a seguir.

Após esses dois primeiros passos, encorajado pelo sucesso inicial em implementar um foco concentrado, parti para as grandes armas: resumos de provas. Foi aí que me forcei a pegar cada lema e analisar cada estágio dessas provas — preenchendo as etapas ausentes. Eu concluiria escrevendo um resumo detalhado com minhas próprias palavras. Isso era algo incrivelmente exigente, mas o fato de eu já ter passado um tempo em tarefas mais fáceis da tese me deu o impulso necessário para ir em frente.

Eu voltei a essa tese regularmente durante um período de duas semanas. Quando terminei, provavelmente tinha experimentado um total de 15 horas de esforço na prática deliberada, que pareciam muito mais devido à sua intensidade. Felizmente, esse esforço me trouxe benefícios imediatos. Dentre outras coisas, permitiu-me entender áreas inteiras de trabalhos correlacionados que antes eram um mistério. Os pesquisadores que escreveram essa tese usufruíam de um quase monopólio em resolver esse estilo de problema —

agora eu poderia juntar-me a eles. Alavancando esse novo entendimento, pude provar um novo resultado, que divulguei em uma conferência importante da minha área. Isso é agora uma nova direção de pesquisa aberta para que eu explore como bem entender. Talvez o que mais indica o valor dessa estratégia é que ela me levou a encontrar alguns erros na tese. Quando os informei aos autores, fui a segunda pessoa a percebê-los e eles ainda não tinham publicado a correção. Para dar uma ideia da enormidade dessa falha, de acordo com a Google Scholar a tese já tinha sido citada quase 60 vezes.

Todavia, mais importante do que esses pequenos sucessos foi a nova mentalidade que esse caso-teste mostrou. O esforço, agora eu aceitei, valia a pena. Em vez de ver aquele desconforto como uma sensação a ser evitada, comecei a entendê-lo da mesma forma que um fisiculturista entende a queima muscular: um sinal de que você está fazendo a coisa certa. Inspirado por essa constatação, me prometi fazer mais desconstruções de teses desse tipo em larga escala, junto com um trio de hábitos menores programados para injetar ainda mais prática deliberada em minha rotina diária. A seguir, descrevo essas novas rotinas.

Minha Rotina Bíblica de Pesquisa

Em algum momento durante minha busca, comecei o que chamei de minha *bíblia de pesquisa*, na realidade um documento que mantenho no computador. Eis a rotina: uma vez por semana exijo de mim mesmo um resumo na "bíblia" de uma tese que acho relevante para minha pesquisa. Esse resumo deve incluir uma descrição do resultado, como ele se compara ao trabalho anterior e as principais estratégias usadas para obtê-lo. Esses resumos são menos complicados do que a desconstrução passo a passo que fiz em meu caso-teste original — característica que me permite fazê-los toda semana —, mas eles ainda induzem ao esforço da prática deliberada.

Minha Rotina de Contagem de Horas

Outra rotina de prática deliberada foi a introdução de minha *contagem de horas* — uma planilha de papel que coloquei na parede atrás da minha mesa no MIT e planejei fazer o mesmo na Georgetown. A planilha tem uma linha para cada mês, na qual registro o número total de horas que passei naquele mês fazendo a prática deliberada. Comecei a folha de contagem no dia 15 de março de 2011, e nas últimas duas semanas daquele mês contabilizei 12 horas nessa prática. Em abril, o primeiro mês cheio dessa anotação de contagem, aumentei a contagem para 42 horas. Em maio, diminuí para 26,5 e em junho caiu para 23 horas. (Para ser justo, esses últimos dois meses foram o período durante o qual eu estava muito ocupado com a logística de mudar meu cargo do MIT para Georgetown.) Tendo essas contagens de horas me encarando todos os dias, fico motivado para encontrar novas maneiras de ajustar mais prática deliberada em minha agenda. Sem essa rotina, a quantidade total de tempo usado ampliando minhas habilidades seria sem dúvidas muito menor.

Minha Rotina com o Caderno de Teoria

Minha terceira estratégia foi a compra do caderno mais caro que pude encontrar na livraria do MIT: um caderno de laboratório com qualidade de arquivo que me custou US$45. Esse caderno ostenta uma boa capa dura, é montado com espirais duplos e se abre totalmente. As páginas são em papel alcalino, grossas e quadriculadas. Uso esse caderno quando estou pensando nos re-

Conclusão

sultados de novas teorias. No final de cada uma das sessões de brainstorming me forço a registrar formalmente os resultados, à mão, em uma página datada. O preço do caderno ajuda a lembrar a importância do que devo escrever nele, e isso me obriga a coletar e organizar meus pensamentos. O resultado: mais prática deliberada.

As ideias da Regra 2 mudaram essencialmente a maneira como abordo meu trabalho. Se eu tivesse que descrever minha maneira de pensar anterior, provavelmente usaria a expressão "centrado na produtividade". Ter as coisas feitas era minha maior prioridade. Mas, quando você adota uma mentalidade de produtividade, as tarefas que induzem a prática deliberada são com frequência evitadas, já que um caminho ambíguo para sua conclusão, quando combinado com o desconforto do esforço mental necessário, as torna uma escolha impopular em programar decisões programadas. É muito mais fácil redesenhar a página de internet de quando era um estudante de pós-graduação do que lidar com uma prova de derreter a mente. O resultado para mim foi que meu estoque de capital de carreira, inicialmente desenvolvido durante o esforço imposto nos primeiros anos como estudante de pós-graduação, estava diminuindo conforme o tempo passava. No entanto, pesquisar a Regra 2 mudou meu estado de preocupação, tornando-me muito mais "centrado no artesanal". Ficar cada vez melhor no que fazia tornou-se a coisa mais importante, e para melhorar é preciso o esforço da prática deliberada. Essa é uma maneira diferente de pensar sobre o trabalho, mas uma vez que você a adota as mudanças na trajetória de sua carreira podem ser profundas.

Como Apliquei a Regra 3

No segundo trimestre de 2011, minha busca por um trabalho acadêmico teve uma mudança interessante. Na época, eu tinha uma oferta apenas verbal da Universidade Georgetown, o que, como meu orientador de pós-doutorado me disse, "se não tem nada por escrito, não vale". Enquanto eu esperava pela oferta oficial, recebi um convite para uma entrevista em uma universidade estadual bastante conhecida e com um programa de pesquisa bem financiado. Decidir como navegar nesse labirinto de carreiras foi imensamente simplificado por minha busca, que estava em andamento na mesma época. Em particular, foi minha investigação do valor do *controle*, como detalhei na Regra 3, que me guiou.

A Regra 3 tinha o argumento que o controle sobre o que você faz e como o faz é uma força muito poderosa para construir carreiras notáveis e que pode ser diretamente chamada de "elixir do emprego dos sonhos". Quando estudar os tipos de carreiras faz as pessoas comentarem "*este* é o tipo de trabalho que eu quero", essa característica quase sempre tem um papel central. Uma vez que você entende o valor do controle, sua maneira de avaliar as oportunidades muda, levando-o a considerar a autonomia potencial de um cargo tão importante quanto o salário oferecido e a reputação da instituição. Foi com essa mentalidade que orientei minha busca por um emprego, o que me ajudou a reformular minha escolha entre aceitar a oferta da Georgetown ou protelar a entrevista na universidade estadual.

Havia dois pontos importantes que notei quando comecei a avaliar minhas opções pelas lentes do controle. Primeiro, a

Georgetown acabara de implementar seu curso de doutorado em ciência da computação, como parte de um investimento mais geral em ciências exatas. Durante o processo de busca de emprego, minha orientadora de doutorado do MIT me contava sobre suas experiências no começo da carreira trabalhando no departamento de ciência da computação do Georgia Techs, na mesma ocasião em que ocorria uma transição em direção a um programa centrado em pesquisas. "Em um curso em crescimento, você sempre pode opinar", disse-me ela.

Já em uma instituição bem estabelecida, sua posição na hierarquia como professor assistente novato está clara: embaixo. Nessas universidades, você geralmente tem que esperar anos e anos de carreira até chegar a professor titular e poder influenciar a direção dos cursos. Até esse momento você acompanha o que acontece de longe.

A segunda coisa que notei foi que o processo de efetivação no cargo da Georgetown era um pouco diferente do padrão de grandes instituições. Em uma grande instituição de pesquisa, o processo de efetivação acontece da seguinte maneira: os que ocupam os maiores cargos na administração enviam cartas para outras pessoas de sua área em geral e perguntam se você é o melhor em sua especialidade em particular. Se não é, eles o demitem e contratam quem o seja. Algumas instituições vão além e dizem para os novos contratados não esperarem pela efetivação no cargo. (O mercado de trabalho no campo acadêmico é restrito, com mais talentos disponíveis do que cargos.)

Se, como é o meu caso, sua especialidade é nova, eles não conseguem achar um especialista para opinar sobre ela, e você terá dificuldades em manter o emprego, já que não há ninguém de fora para validar seu nível de desenvolvimento. Por causa disso, o sistema premia a conformidade dos professores iniciantes: ou seja, a rota mais segura para a efetivação é pegar um assunto de pesquisa bem grande que já tenha muito interesse e, então, trabalhar melhor do que seus colegas. Se você quer inovar, espere até mais tarde na carreira. Na sua famosa "Última Palestra", o falecido professor de ciência da computação da universidade de Carnegie Mellon captura bem essa realidade ao falar com sarcasmo: "Os professores iniciantes costumam vir até mim e dizer: 'Nossa, você conseguiu a efetivação logo, qual é seu *segredo*?' Eu respondia: 'É muito fácil, ligue no meu escritório sexta-feira às 10h da noite e lhe conto.'"

Na Georgetown, ao contrário, eles deixaram claro que não estavam interessados nessa abordagem explícita baseada na comparação. Nesse estágio do crescimento, o departamento de ciência da computação estava mais focado em desenvolver pesquisadores importantes do que tentar contratá-los. Em outras palavras, se eu publicasse bons resultados em bons veículos, eu poderia ficar. Sem pressão para escolher uma área preexistente e segura para dominar, eu teria muito mais flexibilidade em como meu programa de pesquisa se desenrolava.

Vista da perspectiva do controle que obteria em minha carreira, Georgetown era claramente mais atraente do que uma universidade estadual consagrada. No entanto, antes de concretizar minha decisão, levei algum tempo refletindo sobre percepções inerentes à Regra 3 — percepções a respeito de nuances quanto a um endosso entusiástico da autonomia. Por exemplo, durante minha busca, descobri duas armadilhas que normalmente prejudicam as pessoas em sua procura por controle. A primeira armadilha é ter pouco capital de carreira. Se você vai atrás de mais controle de sua vida profissional sem habilidades raras e valiosas para oferecer em troca, provavelmente está perseguindo uma miragem.

Essa foi a armadilha que derrubou, por exemplo, os muitos aficionados do design de estilo vida que deixaram seus empregos tradicionais para tentar viver a vida com sites que geram renda passiva. Muitos desses contestadores rapidamente descobriram que a parte geradora de receita do plano não funciona bem se você não tem algo valioso para oferecer em troca do dinheiro das pessoas. Essa armadilha pode parecer irrelevante em minha busca por emprego, já que o processo de busca acadêmica normalmente requer muita reserva de capital de carreira — na forma de publicações revisadas por colegas e fortes cartas de recomendação — antes de um candidato ter a possibilidade de receber uma oferta. Mas há departamentos espreitando lá fora que atrairão candidatos do segundo escalão (como aqueles que não têm muito capital de carreira) com a ilusão da vida acadêmica autônoma, mas que, quando chegam ao campus, dão de cara com uma quantidade esmagadora de aulas e responsabilidades de serviço. Ou seja, mesmo nesse mundo rarefeito, ainda temos que estar atentos para controlar as miragens.

A segunda armadilha descreve o que acontece quando você *tem* capital de carreira suficiente para fazer uma mudança com sucesso na direção de mais controle. É nesse momento que provavelmente encontrará resistência das pessoas em sua vida, já que mais controle geralmente beneficia somente *você*. Felizmente, para mim, meus orientadores mais próximos do MIT me encorajaram a buscar pela flexibilidade oferecida por um curso de rápido crescimento como o da Georgetown. Mas existem certamente aqueles mais distantes da minha órbita profissional que foram mais resistentes a essa decisão. Para eles, seguir por um caminho já trilhado em uma universidade bem estabelecida foi a rota segura para o resultado desejado da efetivação e boa reputação de pesquisa. Os benefícios pessoais de ter mais controle sobre meu trabalho não estavam no radar profissional deles, então qualquer decisão fora a segura era considerada alarmante.

Enquanto eu pesquisava a Regra 3, deparei-me com uma ferramenta útil para navegar entre essas duas armadilhas. Eu a chamei de *lei da viabilidade financeira*, e a descrevi como se segue: "Ao decidir seguir uma atividade atraente que lhe dará mais controle de sua vida profissional, procure evidências de que as pessoas estão dispostas a pagar por ela. Se você encontrar essas evidências, continue. Caso contrário, desista dela."

Enfim, essa foi a lei que me ajudou a concretizar minha decisão de carreira. Georgetown ofereceu um potencial muito maior de controle sobre o que eu fazia e como fazia. Isso pareceu claro. Além do mais, eles estavam dispostos a me pagar bem por essa mudança em direção à autonomia, tanto financeiramente quanto em termos de suporte para minhas iniciativas de pesquisa. Portanto, de acordo com a lei da viabilidade financeira, eu poderia ficar confiante de que ao ir para Georgetown estaria evitando as duas armadilhas do controle. Eu tinha capital de carreira suficiente para trocar por flexibilidade potencial e poderia confiantemente ignorar o status quo, tema das vozes de resistência. Então, recusei a entrevista da universidade estadual e fui para Georgetown.

Como Apliquei a Regra 4

Como expliquei na Regra 4, uma missão de carreira é um propósito organizador para a vida profissional. É o que leva as pessoas a se tornarem famosas pelo que fazem e precede as oportunidades notáveis que aparecem junto com essa fama. É também uma ideia que há tempos me fascina.

Um trabalho acadêmico é uma atividade adequada para missões. Se identificar professores com carreiras particularmente motivadoras e perguntar-lhes o que fizeram de diferente de seus colegas, a resposta quase sempre envolverá a organização de seus trabalhos em torno de uma missão interessante. Considere, por exemplo, Alan Lightman, um professor de física do MIT que virou escritor. Lightman começou como um físico tradicional, mas escrevia nas horas vagas — tanto ficção quanto não ficção que lidam com o lado humano da ciência. Ele talvez seja mais conhecido por seu romance premiado e bestseller, *Os Sonhos de Einstein*,[2] embora tenha escrito muitos outros livros e seus artigos aparecessem em basicamente toda publicação literária norte-americana importante.

A carreira de Lightman é baseada em sua missão de explorar o lado humano da ciência e isso o levou a lugares fascinantes. Ele deixou para trás a exaustiva busca pela efetivação no MIT para tornar-se o primeiro professor na história do instituto a ser nomeado duplamente em ciência e humanas. Ele ajudou a desenvolver os requisitos de comunicação no MIT e, então, fundou o programa de pós-graduação em redação científica. Na época em que o conheci, ele tinha conseguido um cargo como professor adjunto, que dava mais liberdade em sua agenda e tinha feito para ele mesmo uma vida intelectual impressionantemente livre. Agora ele ensina redação em cursos que criou e foca os assuntos que considera importante. Ele se libertou da necessidade de estar constantemente procurando bolsas de estudos ou publicações. Ele passa os verões com a família em uma ilha no Maine — um local sem telefone, televisão ou internet — supostamente tendo grandes ideias enquanto desfruta da sublimidade dos arredores. E o que mais me impressiona é que há, na página de contato de Lightman no site oficial do MIT, o seguinte recado: "Eu não uso e-mail" — uma mudança em direção à simplicidade que um acadêmico menos famoso nunca conseguiria.

Esse é apenas um exemplo de muitos professores que alavancaram a missão para criar uma carreira original e atraente. Alguns desses professores, como Pardis Sabeti e Kirk French, eu acompanhei e entrevistei enquanto pesquisava para este livro, e por isso você encontra os detalhes de suas histórias na Regra 4. Já outros como Alan Lightman, ou Erez Lieberman, que ganhou fama aos 31 anos de idade por sua combinação de matemática com estudos da cultura, ou Esther Duflo, que ganhou o prêmio MacArthur "Genius Grant" por seu trabalho avaliando programas antipobreza, não foram incluídos no livro, mas são importantes no que penso sobre como melhor guiar minha carreira.

Contudo, foi apenas quando passei a levar a sério minha pesquisa da Regra 4 e a me encontrar com especialistas em missão, tais como Pardis, Kirk e Giles Bowkett, que entendi o quão complicado é transformar essa característica em uma realidade na vida profissional. Quanto mais você tentar forçar a missão, afinal eu aprendi, menos provável é que tenha sucesso. Missões verdadeiras, de fato, necessitam de duas coisas. Primeiro você precisa de capital de carreira, o que requer paciência. Segundo, precisa estar incessantemente explorando sua visão mutável do *possível adjacente* em sua área, procurando pela próxima grande ideia. Isso requer dedicar-se ao brainstorming e estar exposto a novas ideias. Combinados, esses dois compromissos descrevem um *estilo de vida*, não uma série de etapas que automaticamente cospem a missão quando completadas. Ao entrar no verão de 2011, alavanquei esse novo entendimento para tentar transformar minha abordagem de trabalho em uma que levaria a uma missão bem-sucedida. Esses esforços geraram uma série de rotinas que combinei em um sistema de desenvolvimento de missão. Esse sistema é melhor entendido como uma pirâmide de três níveis. Explicarei a seguir cada um deles.

Topo da Pirâmide: A Missão de Pesquisa Experimental

Meu sistema é guiado, no topo da pirâmide, por uma missão de pesquisa experimental — um tipo de orientação mais rudimentar para a espécie de trabalho que estou interessado em fazer. Nesse momento, minha missão diz: "Aplicar a teoria do algoritmo distribuído em lugares novos e interessantes com o objetivo de produzir resultados igualmente novos e interessantes." A fim de identificar essa descrição da missão, tive que primeiro adquirir capital de carreira em minha área. Eu publiquei e li resultados de algoritmos distribuídos suficientes para saber que há grande potencial em transferir esse corpo de teoria para novos ambientes. Claro que o desafio real é encontrar os projetos atraentes que explorem esse potencial. E esse é o objetivo que os outros dois níveis da pirâmide estão destinados a buscar.

Base da Pirâmide: Pesquisa Primária

Agora vamos deixar o topo da pirâmide e ir direto para a base, onde se encontra minha dedicação à pesquisa básica. Aqui está a minha regra: toda semana eu me exponho a algo novo sobre minha área. Posso ler uma tese, assistir uma palestra ou agendar uma reunião. Para garantir que eu realmente entenda a nova ideia, exijo de mim mesmo um resumo, com minhas próprias palavras, para ser incluído em minha crescente "bíblia de pesquisa" (que apresentei mais cedo nesta conclusão ao falar sobre como apliquei a Regra 2). Também tento encaixar uma caminhada a cada dia para pensar livremente sobre as ideias reveladas pela pesquisa básica (vou para o trabalho a pé e tenho um cachorro para se exercitar, posso escolher entre um desses). A escolha do material ao qual devo me expor é guiada pela descrição da missão no topo da pirâmide.

Esse processo de pesquisa básica, que combina a exposição de material potencialmente relevante com a recombinação de ideias de forma livre, saiu diretamente do livro de Steven Johnson, *De Onde Vêm as Boas Ideias*, que citei na Regra 4 quando falei sobre o conceito do possível adjacente. De acordo com Johnson, o acesso a novas ideias e a "redes líquidas", que facilitam a mistura e a combinação, geralmente fornece o catalisador para novas ideias.

Nível Intermediário: Projetos Exploratórios

Chegamos agora ao nível intermediário da pirâmide, que é responsável pela maior parte do trabalho que produzo como professor. Como explicado na Regra 4, uma estratégia eficaz para dar o salto de uma ideia de missão experimental para realizações atraentes é usar pequenos projetos, que chamei de "pequenas apostas" (pegando emprestado a expressão do livro de 2010 de Peter Sims, de mesmo título). Como deve lembrar-se, uma pequena aposta, no ambiente de exploração da missão, tem as seguintes características:

- É um projeto pequeno o bastante para ser completado em menos de um mês;
- Força você a criar um novo valor (exemplo: dominar uma nova habilidade e produzir resultados que não existiam antes);
- Produz um resultado concreto que você pode usar para coletar feedback concreto.

Eu uso as pequenas apostas para explorar as ideias mais promissoras, reveladas pelos processos descritos no nível inferior de minha pirâmide. Tento manter apenas duas ou três apostas ativas por vez, assim elas podem receber bastante atenção. Também uso prazos, que destaco em amarelo nos documentos de planejamento para ajudar a manter a urgência de suas conclusões. Finalmente, também monitoro minhas horas passadas nessas apostas, por meio do contador de horas que descrevi na sessão desta conclusão dedicada à aplicação da Regra 2. Descobri que, sem essa ferramenta de contagem, eu tendia a procrastinar o trabalho, voltando minha atenção para assuntos mais urgentes, porém menos importantes.

Quando uma pequena aposta termina, uso o feedback concreto gerado para tocar para a frente meus esforços de pesquisa. Esse feedback me diz, por exemplo, se um projeto precisa ser cancelado e, se não, qual direção é mais promissora para ser explorada depois. O esforço de completar essas apostas também tem o benefício colateral adicional de induzir a prática deliberada — outra tática de meu caderno de teoria sempre crescente para me tornar melhor no que faço.

Em última análise, o sucesso ou fracasso dos projetos buscados no nível intermediário me ajuda a desenvolver a missão da pesquisa mantida pelo nível superior. Ou seja, o sistema como um todo é um ciclo fechado de feedback, constantemente evoluindo na direção de uma visão mais clara e melhor embasada para meu trabalho.

Considerações Finais: Trabalhar Certo Supera Encontrar o Trabalho Certo

Abri este livro com a história de Thomas, que acreditava que o segredo da felicidade era seguir sua paixão. Fiel a essa convicção, ele seguiu sua paixão pela prática do Zen Budismo até um remoto mosteiro nas montanhas Catskill. Uma vez lá, dedicou-se aos estudos do Zen, aprofundando-se em meditação e refletindo sobre inúmeras palestras do Dharma.

Mas Thomas não encontrou a felicidade que esperava. Em vez disso percebeu que, embora seu ambiente tivesse mudado, ele era "exatamente a mesma pessoa" de antes de chegar ao mosteiro. Os padrões de pensamento que o convenceram anteriormente, emprego após emprego, de que ele ainda não tinha encontrado sua verdadeira vocação não tinham desaparecido. Quando deixamos Thomas lá atrás, na introdução deste livro, o peso dessa revelação o tinha reduzido às lágrimas. Ele estava sentado na silenciosa floresta de carvalhos em volta do monastério, chorando.

Quase dez anos depois, encontrei-me com Thomas em um café não muito longe do prédio do MIT. Ele estava trabalhando na

Conclusão 223

Alemanha e visitando Boston para uma conferência. Thomas é alto e magro e tem o cabelo bem curto. Estava usando um óculos de armação quadrada e fina que parece obrigatoriedade entre os trabalhadores do conhecimento da Europa. Conforme nos sentamos e começamos a tomar o café, Thomas me contou sobre sua vida depois da crise no mosteiro Zen.

Eis o que aprendi: depois de sair do mosteiro, Thomas voltou para o emprego no banco, que ele tinha deixado dois anos antes de se mudar para Catskills para ir atrás de sua paixão. No entanto, nessa época, ele encarou sua vida profissional com uma nova consciência. Suas experiências no mosteiro o tinham libertado dos pensamentos escapistas de empregos fantasiosos que outrora haviam dominado sua mente. Em vez disso, ele estava disposto a focar as tarefas que lhe eram dadas e em concluí-las bem. Ele estava livre das constantes comparações esgotantes, que se habituara a fazer, entre o trabalho atual e algum emprego futuro mágico esperando para ser descoberto.

Esse novo foco, e seu resultado, foi apreciado pela gerência, e em nove meses ele ganhou uma promoção. E, então, foi promovido novamente. E de novo! Com menos de dois anos ele saiu de um cargo modesto de entrada de dados para ficar no comando de um sistema de computador que administrava mais de US\$6 bilhões em investimentos. Na época em que nos encontramos ele era encarregado de um sistema que gerenciava cinco vezes esse valor. O trabalho dele era desafiador, mas Thomas gostava do desafio. Isso também lhe dava uma sensação de respeito, impacto e autonomia — exatamente as características raras e valiosas, como você deve lembrar-se, de que falei na Regra 2 e que são necessárias para criar um trabalho que você ama. Thomas adquiriu essas características não combinando seu trabalho com sua paixão, mas em vez disso fazendo seu trabalho bem e, então, estrategicamente se beneficiando do capital que foi gerado.

Talvez administrar um sistema de computadores não gere a felicidade diária que definiam os antigos devaneios de Thomas, mas, como ele reconhece agora, nada seria capaz disso. Uma vida profissional plena é uma experiência mais sutil do que a permitida pelas antigas fantasias. Conforme conversávamos, Thomas concordou que uma boa maneira de descrever sua transformação é que ele veio a perceber uma verdade simples: **Trabalhar certo supera encontrar o emprego certo**. Ele não precisava ter um emprego perfeito para encontrar a felicidade ocupacional — em vez disso ele precisava de uma melhor abordagem no trabalho que já estava disponível para ele.

Penso ser adequado terminar este livro com a história de Thomas, pois ela sintetiza sua mensagem central: *Trabalhar certo supera encontrar o trabalho certo* — uma ideia simples, mas inacreditavelmente subversiva, já que supera décadas de orientação de carreira popular toda focada no valor místico da paixão. E isso nos arrebata para longe de devaneios sobre uma transformação que, da noite para o dia, nos proporcione a felicidade instantânea no emprego, e em vez disso nos oferece uma maneira mais sóbria em direção à realização. Foi por isso que deixei a conclusão sobre a saga de Thomas para o final do livro. Eu queria ter a chance de primeiro explorar com você, por intermédio das quatro regras que vieram antes, as nuances de "trabalhar certo", oferecendo exemplo após exemplo de como essa abordagem pode levar a aproveitar melhor nossa própria vida profissional. Agora, com você tendo em mente

Conclusão

essas ideias, minha esperança é que o final da história de Thomas não seja mais tão surpreendente.

Eu amo o que faço para viver. Também estou confiante de que me mantendo comprometido com as ideias descobertas ao longo de minha busca, esse amor só ficará mais profundo. Thomas sente o mesmo sobre seu trabalho. Assim como a maioria das pessoas cujo perfil mostrei neste livro.

Eu quero que você compartilhe dessa confiança. E, para alcançar esse objetivo, deixe que as regras que mostrei o guiem. Não fique obcecado em descobrir sua verdadeira vocação. Em vez disso, domine habilidades raras e valiosas. Uma vez que você desenvolve o capital de carreira que essas habilidades geram, invista-as de forma sábia. Use-as para adquirir controle sobre o que faz e como o faz, e para identificar e agir em uma missão de mudança de vida. Essa filosofia é menos atraente do que a fantasia de largar tudo e viver entre os monges nas montanhas, mas é uma filosofia que mostrou que funciona de verdade.

Então, da próxima vez que começar a se questionar se está perdendo algum emprego dos sonhos que espera ter coragem de ir atrás, evoque algumas imagens. Lembre-se da paixão obcecante de Thomas, de coração partido e chorando no chão da floresta. E substitua essa imagem pela de um homem sorridente, confiante e focado no valor que, dez anos mais tarde, juntou-se a mim para um café — a versão de Thomas que, em determinado momento da conversa, olhou para mim e comentou, sem ironia: "A vida é boa."

Glossário

Um resumo dos termos, teorias e leis mais importantes que foram introduzidos neste livro, apresentados na ordem em que aparecem.

a hipótese da paixão (apresentada na Regra 1): Essa hipótese alega que o segredo para a felicidade profissional está em primeiro descobrir pelo que você é apaixonado e, então, encontrar um trabalho que combine com essa paixão. O princípio básico por trás deste livro é dizer que a hipótese da paixão, embora muito bem aceita, é errada e potencialmente perigosa.

"Seja tão bom que eles não poderão ignorar você" (apresentada na Regra 2): Uma citação do comediante Steve Martin que captura o que é necessário para construir uma vida profissional que você ama. Foi tirada de um trecho da citação a seguir, de uma entrevista que Steve Martin deu em 2007 para Charlie Rose quando ele lhe perguntou qual era seu conselho para artistas aspirantes: "Ninguém nunca toma nota dos [meus conselhos], porque não são as respostas que eles querem ouvir", disse Steve Martin. O que eles querem ouvir é 'Aqui está como você consegue um agente, aqui está como você escreve um roteiro', mas eu sempre digo: 'Seja tão bom que eles não poderão ignorar você.'"

Glossário

a mentalidade do artesão (apresentada na Regra 2): Uma abordagem para a vida profissional na qual você foca o *valor* do que está oferecendo ao mundo.

a mentalidade da paixão (apresentada na Regra 2): Uma abordagem para sua vida profissional na qual você foca o valor que seu emprego está lhe oferecendo. Essa mentalidade está em contraste com a mentalidade do artesão. A mentalidade da paixão, em última instância, leva à insatisfação crônica e devaneios sobre empregos melhores que você imagina existir lá fora esperando para serem descobertos.

capital de carreira (apresentado na Regra 2): Uma descrição de habilidades que você tem e que são raras e valiosas para o mundo do trabalho. Essa é a moeda fundamental para criar o trabalho que você ama.

a teoria do capital de carreira de um trabalho notável (apresentada na Regra 2): Essa teoria oferece a base para todas as ideias apresentadas neste livro. Ela afirma que o segredo para o trabalho que você ama *não está* em seguir sua paixão, mas, em vez disso, se tornar bom em algo raro e valioso e, então, lucrar com o "capital de carreira" que isso gera para adquirir as características que definem um trabalho notável. Mas isso exige que você aborde o trabalho com a mentalidade do artesão (focar o seu valor para o mundo) e *não* na mentalidade da paixão (focar o valor que o mundo está lhe oferecendo). Aqui está a definição formal da teoria em três partes, apresentada na Regra 2:

- As características que definem um trabalho notável são raras e valiosas;

Glossário

- A oferta e procura diz que se você quer essas características você precisa de habilidades raras e valiosas para oferecer em troca. Pense nessas habilidades raras e valiosas que você pode oferecer como sendo seu capital de carreira;

- A mentalidade do artesão, com seu foco constante em tornar-se "tão bom que eles não poderão ignorar você", é uma estratégia adequada para adquirir o capital de carreira. E é por isso que supera a mentalidade da paixão quando seu objetivo é criar um trabalho que você ama.

a regra das 10 mil horas (apresentada na Regra 2): Uma regra, muito conhecida por cientistas de desempenho, que descreve a quantidade de tempo de prática necessário para dominar uma habilidade. Malcom Gladwell, que popularizou esse conceito em seu livro de 2008 *Fora de Série*, a descreve assim: "A ideia de que a excelência para desempenhar uma tarefa complexa requer um nível mínimo crítico de prática vem à tona repetidamente nos estudos de expertise. Na verdade, os pesquisadores decidiram pelo que eles acreditam ser o número mágico para a verdadeira expertise: 10 mil horas."

prática deliberada (apresentada na Regra 2): O estilo de prática da dificuldade necessária para continuar a melhorar em uma tarefa. O professor Anders Ericsson da Universidade Estadual da Flórida, que cunhou o termo no começo dos anos 1990, a descreve formalmente como uma "atividade feita, tipicamente por um professor, para o único propósito de melhorar eficazmente os aspectos específicos do desempenho individual". A prática deliberada exige que você amplie suas habilidades além da zona de conforto e, então, receba feedbacks implacáveis sobre seu desempenho. No contexto da construção de carreira, a maioria dos trabalhadores do conhecimento evita esse estilo de desenvolvimento de habilidades, porque, sinceramente, é desconfortável. Mas, para conseguir uma grande reserva de capital de carreira, que é necessário para a criação do trabalho que você ama, é preciso tornar esse estilo de prática algo regular na rotina de trabalho.

mercados de capital de carreira (introduzido na Regra 2): ao adquirir capital de carreira em uma área, você pode achar que está adquirindo esse capital em um tipo específico de mercado de capital de carreira. Existem dois tipos desses mercados: **vencedor leva tudo** e **leilão**.

Em um mercado "vencedor leva tudo" existe apenas um tipo de capital de carreira disponível, e vários tipos de pessoas competindo por ele. Já o mercado de leilão é menos estruturado: existem muitos tipos diferentes de capital de carreira, e cada pessoa pode gerar sua coleção única desse capital. Mercados diferentes necessitam de diferentes aquisições de capital de carreira. No mercado vencedor leva tudo, por exemplo, primeiro você precisa "decifrar o código" de como as pessoas dominam a única habilidade que importa. Pelo contrário, no mercado de leilão você simplesmente enfatiza a raridade na combinação de habilidades que você cria.

controle (apresentada na Regra 3): Controle tem a ver com o que você faz e como o faz. Essa é uma das características mais importantes para adquirir mediante seu capital de carreira ao criar o trabalho que você ama.

Glossário

a primeira armadilha do controle (apresentada na Regra 3): Um alerta para prestar atenção quando estiver tentando introduzir mais controle em sua vida profissional. Ela representa o princípio de que controle adquirido *sem* capital de carreira *não* é sustentável.

a segunda armadilha do controle (apresentada na Regra 3): Outro alerta para prestar atenção quando estiver tentando introduzir mais controle em sua vida profissional. Ela representa o princípio de que, ao obter controle significativo sobre sua vida profissional, você se torna valioso o suficiente para seu empregador atual tentar impedi-lo de fazer essa mudança.

cultura da coragem (apresentada de maneira resumida na Regra 2, e elaborada na Regra 3): Um termo que descreve o número crescente de autores e analistas online que promovem a ideia de que a única coisa entre você e o emprego dos sonhos é ter coragem para sair do caminho esperado.

Embora bem intencionada, essa cultura é perigosa, já que subestima a importância de também ter capital de carreira para respaldar suas aspirações. Ela leva muitas pessoas a desistir de seus empregos atuais e acabar em uma situação muito pior do que antes.

a lei da viabilidade financeira (apresentada na Regra 3): Uma lei simples que pode ser implementada para ajudar a evitar as duas armadilhas do controle ao tentar introduzir mais controle em sua vida profissional. Ela sugere que, ao decidir seguir uma atividade atraente que lhe dará mais controle de sua vida profissional,

232 *Glossário*

deve se perguntar se as pessoas estão dispostas a pagar por ela. Se não estiverem, desista dela.

missão (apresentada na Regra 4): Uma missão é outra característica importante para adquirir com seu capital de carreira quando estiver criando o trabalho que você ama. Ela oferece um objetivo unificador para sua carreira. É mais geral do que ter um emprego específico e pode abranger vários cargos. Ela dá a resposta para a pergunta: "O que devo fazer da minha vida?"

o possível adjacente (apresentada na Regra 4): Um termo utilizado pelo escritor de ciências Steven Johnson, que pegou emprestado de Stuart Kauffman, que ajuda a explicar a origem da inovação. Johnson observa que as próximas grandes ideias em qualquer área são normalmente encontradas além da vanguarda atual, no espaço adjacente que contém as possíveis novas combinações de ideias existentes. A observação fundamental é que você tem que chegar na vanguarda de uma área antes de seu possível adjacente — e das inovações que ele contém — se tornar visível. No contexto da construção da carreira, é importante notar que as boas missões de carreira com frequência se encontram no possível adjacente. Mas a implicação é que, se quer encontrar uma missão em sua carreira, primeiro precisa chegar na vanguarda de sua área.

pequenas apostas (apresentada na Regra 4): Uma ideia emprestada do escritor de negócios Peter Sims. Quando Sims estudou empresas e pessoas inovadoras, observou o seguinte: "Em vez de acreditarem que têm que começar com uma grande ideia ou primeiro planejar todo um projeto, eles fazem uma série metódica de *pequenas apostas* sobre o que poderia ser uma boa direção, reunindo informações fundamentais de muitos pequenos fracassos

Glossário

e de pequenas, mas significativas, vitórias" [grifo meu]. No contexto de construção de carreira, pequenas apostas oferecem uma boa estratégia para explorar maneiras produtivas de transformar uma ideia de missão vaga em um projeto específico de sucesso.

a lei da notabilidade (apresentada na Regra 4): Uma lei simples que o ajuda a identificar projetos bem-sucedidos para tornar sua missão uma realidade. (Isso pode ser usado em conjunto com a estratégia das pequenas apostas.) A lei diz que, para um projeto motivado por uma missão ser bem-sucedido, ele deve ser notável de duas maneiras diferentes. Primeiro, deve motivar as pessoas que o encontram a comentar sobre ele com outras pessoas. Segundo, deve ser lançado em um caminho que apoie essa notabilidade.

Resumos de Perfil de Carreiras

Um resumo rápido dos principais perfis de carreira do livro, apresentados na ordem em que cada um apareceu.

JOE DUFFY

(apresentado na Regra 2)

Emprego atual:

Antes de recentemente aposentar-se, Joe administrava a Duffy & Partners, sua própria empresa de design e marcas com 15 pessoas.

Porque ele ama o que faz:

Ele trabalhou em projetos internacionais escolhidos a dedo e foi muito respeitado (e recompensado) por seu trabalho. Entre os compromissos, ele passava grande parte do tempo na Duffy Trails, em seu refúgio de 40 hectares, escondido às margens do rio Totagatic, em Wisconsin.

Como ele aplicou as regras descritas neste livro para conseguir esse trabalho:

Quando Joe começou sua carreira na publicidade, aborreceu-se, como muitos quando jovens, com as restrições ao trabalho inerentes a grandes empresas. Ele havia planejado, originalmente, seguir a carreira artística e começou a pensar e voltar a perseguir esse "sonho". Em vez disso, Joe implementou a teoria do capital de carreira. Percebeu que as características que definem um trabalho notável são raras e valiosas e, portanto, exigem habilidades raras e valiosas para serem oferecidas em troca. Ele encontrou uma especialidade em sua área — comunicação de marcas por meio de logotipos — e concentrou-se em dominar essas habilidades. Contratado por uma agência maior, ganhou mais dinheiro e mais liberdade. Conforme continuava a construir capital de carreira, a companhia aplacou seus anseios permitindo-lhe administrar uma agência independente subordinada à agência maior — proporcionando a Joe ainda mais controle. Mais à frente ele deixou essa agência para administrar a sua própria e em seus próprios termos, usando as recompensas monetárias de sua expertise para comprar a Duffy Trails. Antes de aposentar-se, ele controlava quando e no que trabalhava, conseguindo tirar o máximo proveito tanto do trabalho quanto dos momentos de relaxar.

ALEX BERGER

(apresentado na Regra 2)

Emprego atual:

Alex é um roteirista de televisão de sucesso.

Porque ele ama o que faz:

Quando você é bom o suficiente para encontrar um fluxo constante de trabalho, ser roteirista de televisão é uma atividade fantástica. Ela lhe paga muito dinheiro para fazer projetos altamente criativos que são vistos por milhões de pessoas. Além disso, também proporciona meses de folga todo ano.

Como ele aplicou as regras descritas neste livro para conseguir esse trabalho:

Assim que chegou em Hollywood, com um diploma de uma faculdade de elite em mãos, ele pensou que poderia entrar em sua área lançando e administrando com cuidado uma variedade de diferentes projetos relacionados ao entretenimento. Descobriu que ninguém ligava para suas grandes ideias. Não levou muito tempo para que Alex se concentrasse em uma atividade mais específica: roteiros para a televisão. Ele percebeu que tudo o que importava em sua área era um tipo único de capital de carreira: a habilidade de escrever roteiros com qualidade.

Usando as técnicas práticas aprimoradas por ter sido um campeão de debates na faculdade, ele começou sistematicamente melhorando sua capacidade de escrever roteiros, às vezes, trabalhando simultaneamente em até quatro ou cinco projetos enquanto constantemente se expunha a feedbacks implacáveis. Essa estratégia valeu a pena já que seus roteiros melhoravam rapidamente, por fim ganhando seu primeiro roteiro produzido, que por sua vez rendeu o primeiro trabalho com uma equipe, o qual o levou a criar uma série em conjunto com Michael Eisner. Esse é um exemplo clássico da teoria do capital de carreira em ação. Para conseguir um emprego que ele amasse, Alex precisava primeiro tornar-se tão bom que eles não o poderiam ignorar.

MIKE JACKSON

(apresentado na Regra 2)

Emprego Atual:
Mike é diretor do Westly Group, uma empresa de capital de risco de tecnologia limpa na famosa Sand Hill Road no Vale do Silício.

Porque ele ama o que faz:
O capital de risco de energia limpa é uma área em efervescência. Ela oferece uma maneira de ajudar o mundo e ao mesmo tempo, como Mike admitiu: "Você ganha muito dinheiro."

Como ele aplicou as regras descritas neste livro para conseguir esse emprego:
Mike não começou com uma visão clara do que desejava fazer de sua vida. Mas ele entendeu o básico da teoria do capital de carreira: quanto mais raras e valiosas são as habilidades que você tem a oferecer, mais oportunidades interessantes se tornarão disponíveis. Com isso em mente, Mike formou seu início de carreira em torno do objetivo de dominar uma atividade valiosa após a outra, confiando que as grandes reservas de capital de carreira que isso geraria levariam a algum lugar que valesse a pena. Ele começou escolhendo um projeto de tese de mestrado ambicioso, projeto esse que acabou fazendo dele um especialista nos mercados de carbono internacionais. Ele, então, alavancou sua expertise para administrar uma

startup de energia limpa que vendia contratos de compensação de carbono para empresas americanas.

Essa combinação de conhecimento especializado em mercados de energia limpa e a experiência de empreendedorismo fez dele a combinação perfeita para o Westly Group, a empresa de capital de risco de energia limpa na qual agora ele trabalha. Durante esse processo, o foco de Mike era como se tornar melhor, não descobrir sua verdadeira vocação. O resultado foi um trabalho invejável.

Ryan Voiland

(apresentado na Regra 3)

Emprego atual:

Ryan e sua esposa, Sarah, administram a Fazenda Red Fire, uma fazenda orgânica próspera em Granby, Massachusetts.

Porque ele ama o que faz:

Ryan vem treinando horticultura desde que era adolescente. E, agora, ter sua própria terra onde pode cultivar nos seus próprios termos é algo gratificante para ele.

Como ele aplicou as regras descritas neste livro para conseguir esse trabalho:

Muitas pessoas pintam uma imagem cor de rosa da vida em uma fazenda. Elas imaginam que seria legal passar um tempo ao ar livre sob um clima agradável e longe das perturbações de um escritório moderno. No entanto, passe um tempo na Red Fire e esse mito será rapidamente refutado. Agricultura, de fato, é um trabalho duro.

O clima não é algo para ser aproveitado, como se estivesse de férias, mas uma força pronta para devastar suas colheitas. E você está muito longe de se livrar das perturbações modernas, pois um agricultor é um homem de negócios, com tudo o que vem junto com esse papel: e-mails, planilhas de Excel e o software QuickBook. A razão pela qual Ryan ama o que faz, pelo que vimos, não é o fato dele conseguir ficar ao ar livre, ou livre de e-mails, em vez disso ele tem controle — sobre o que ele faz e como o faz.

Essa característica, como descrita na Regra 3, é crucial para criar o trabalho que você ama. O importante na história de Ryan é que ele simplesmente não decidiu um belo dia que a agricultura lhe ofereceria controle e, então, comprou uma boa terra. Em vez disso, ele reconheceu que controle, como qualquer característica de uma carreira valiosa, necessita de capital de carreira para ser adquirido. Com isso em mente, desenvolveu suas habilidades em agricultura por quase uma década antes de iniciar sozinho. Tudo começou com ele cultivando o jardim dos pais e vendendo os produtos na estrada. A partir daí, aos poucos foi desenvolvendo suas habilidades envolvendo-se em projetos de cultivo maiores. Na época em que foi estudar horticultura na Universidade Cornell, ele alugava terra de fazendeiros locais. Foi apenas após se formar que ele pediu um empréstimo para seu primeiro lote de terra. Dada sua expertise, não é surpresa que a nova fazenda tenha prosperado. Ele é um perfeito exemplo do valor do controle e da aquisição de capital paciente exigida antes de poder ganhar essa característica em sua vida profissional.

LULU YOUNG

(apresentada na Regra 3)

Emprego atual:

Lulu é uma desenvolvedora freelance de software.

Porque ela ama o que faz:

Lulu gosta de projetos de software desafiadores, mas também gosta de ter controle sobre sua vida, incluindo quando trabalha, no que trabalha, e em quais termos. Como desenvolvedora freelance com habilidades que estão em alta demanda, ela é capaz de manter esse controle, permitindo que misture seu trabalho com uma variedade diferente de atividades prazerosas, desde uma viagem de um mês pela Ásia e treinamento para ser piloto, até tardes de dias úteis que ela passa com seus sobrinhos.

Como ela aplicou as regras descritas neste livro para conseguir esse trabalho:

Lulu, como Ryan, é um bom exemplo do valor do controle. E, também como Ryan, um bom exemplo de alavancar capital de carreira em busca dessa característica. Lulu não decidiu do nada ser uma desenvolvedora freelance; em vez disso, desenvolveu suas habilidades e reputação durante muitos anos em sua área. Ela agora tem capital de carreira mais do que suficiente para determinar suas próprias condições para trabalhar. Mas, quando você estuda sua história, verifica que essa mudança em direção à autonomia não aconteceu de uma vez só. Na verdade, Lulu desenvolveu um constante fluxo de ofertas para aumentar a liberdade conforme ela conseguia tornar-se cada vez melhor no que fazia.

Começou com o primeiro emprego como avaliadora de software — o degrau mais baixo na carreira de desenvolvedor. Lulu descobriu como automatizar muito do processo de testes. O capital de carreira que isso gerou lhe permitiu conseguir uma semana com 30 horas de trabalho, pois assim ela poderia ter aulas de filosofia. Conforme se aprimorava, ela investia sua reserva crescente de capital de carreira para obter cargos em uma série de startups, obtendo mais e mais controle sobre seu trabalho. Foi depois de uma das startups ser comprada por uma grande empresa, que prontamente implementou novas restrições, que Lulu mudou para uma posição de freelance. No entanto, naquele momento, sua reserva de capital de carreira era mais do que suficiente para apoiá-la nessa última busca por controle.

Derek Sivers

(apresentado na Regra 3)

Emprego atual:

Derek é um empreendedor, escritor e pensador.

Porque ele ama o que faz:

Derek teve sucesso suficiente na carreira para agora viver onde quiser e trabalhar em projetos que acha interessante e quando decide que está motivado para trabalhar. Ele está com o completo controle sobre sua vida e está se aproveitando totalmente dessa autonomia.

Resumos de Perfil de Carreiras

Como ele aplicou as regras descritas neste livro para conseguir esse trabalho:

Derek é outro exemplo de controle sendo uma característica definidora para uma grande carreira. Mas o que fez ele tornar-se relevante em nossa discussão na Regra 3 foi o papel dele em decidir se devia ou não ir atrás de uma oferta por mais autonomia. Chamo essa regra de "a lei da viabilidade financeira", que diz que você só deve ir atrás de um projeto se as pessoas estiverem dispostas a pagar por ele. Se elas não estiverem, então provavelmente não tem capital de carreira para trocar pelo controle que deseja.

Essa é a lei que ajudou a guiar Derek para seu nível atual de sucesso. A primeira vez que ele aplicou a lei foi ao desistir de seu trabalho na Warner Bros. e tornar-se músico em tempo integral. Ele protelou essa decisão até que o dinheiro que estava ganhando com a música fosse igual ao que ganhava no emprego diário — se não conseguisse esse nível modesto de renda tocando em meio período, ponderou ele, então era provável que não tivesse sucesso suficiente para continuar nessa carreira em tempo integral. A próxima vez que ele aplicou a lei foi quando começou a empresa CD Baby, que depois vendeu por milhões. Ele não largou tudo para ir atrás de sua ambição empreendedora. Em vez disso, começou pequeno. Quando a empresa ganhou algum dinheiro, ele o usou para expandi-la a fim de conseguir um pouco mais. Foi só quando ela começou a dar muito dinheiro que ele decidiu fazer da empresa seu trabalho em tempo integral.

A cultura da coragem nos empurra para tomarmos decisões drásticas com a finalidade de aumentar o controle sobre nossas vidas profissionais. O exemplo de Derek oferece um bom teste de realidade. Procurar a liberdade é bom, mas é fácil fracassar ao buscá-la. A lei da viabilidade financeira oferece um bom guia para não cair nessas armadilhas.

Pardis Sabeti

(apresentada na Regra 4)

Emprego Atual:
Pardis é uma professora de biologia evolucionária da Universidade de Harvard.

Porque ela ama o que faz:
A carreira acadêmica de Pardis é construída em volta de uma missão que ela acha importante e empolgante: usar genética computacional para ajudar a livrar o mundo de doenças antigas.

Como ela aplicou as regras descritas neste livro para conseguir esse emprego:
Pardis é um bom exemplo do valor de organizar a vida profissional em torno de uma missão atraente. Muitos professores estão esgotados por causa de seus empregos e tornam-se céticos. Pardis evitou esse destino dedicando seu trabalho a algo que ela acha importante e empolgante. De igual importância é como ela encontrou sua missão. Muitas pessoas incorretamente acreditam que definir uma missão é a parte fácil (é algo que acontece em um momento de inspiração) e que o difícil é reunir coragem para ir atrás dela. A Regra 4 argumenta o contrário. Ela diz que missões reais — aquelas em que se pode construir uma carreira — necessitam que você desenvolva grandes quantidades de expertise antes que possam ser identificadas.

Uma vez identificadas, no entanto, buscá-las é com frequência óbvio. Isso é exatamente o que encontramos na história de Pardis. Ela levou anos adquirindo habilidades antes de se tornar apta a

Resumos de Perfil de Carreiras   245

identificar a missão que agora define sua carreira. Depois da faculdade, ela obteve seu doutorado em genética. Sem ter muita certeza do que queria fazer com sua vida, ela *também* cursou a escola de medicina. E foi apenas quando formou-se médica e passou um tempo como pós-doutoranda que finalmente reuniu expertise suficiente em sua área para procurar por essa nova e empolgante oportunidade. No geral, o comprometimento mais importante de Pardis foi ser paciente. Ela não tentou forçar uma direção para sua vida profissional, em vez disso desenvolveu capital de carreira e manteve os olhos abertos para rumos interessantes que sabia que esse processo revelaria.

KIRK FRENCH

(apresentado na Regra 4)

Emprego atual:

Kirk ensina arqueologia na Universidade de Penn State e é apresentador de um programa de televisão no Discovery Channel que o leva a viajar o país ajudando pessoas a descobrirem a importância histórica de objetos herdados.

Porque ele ama o que faz:

Como professor, Kirk há muito tempo tinha interesse em divulgar a arqueologia moderna. Certa vez foi entrevistado para um documentário sobre a cultura Maia (sua especialidade), quando também ficou interessado na mídia como um veículo para a popularização da arqueologia. Apresentar um programa de televisão foi uma grande realização desses interesses.

Como ele aplicou as regras descritas neste livro para conseguir esse emprego:

Kirk organizou sua carreira como arqueólogo com a missão de popularizar sua área. Essa missão ajudou a transformar uma carreira acadêmica que poderia ter se tornado cansativa e sem graça em uma fonte de aventura e satisfação. Como Pardis, essa missão primeiro necessitou de capital de carreira — no caso de Kirk isso veio na forma de um doutorado. Mas a história dele também destaca a primeira das duas estratégias presentes na Regra 4 para ajudar as missões de carreira, uma vez identificadas, a terem sucesso.

A ideia de apresentar um programa na televisão não apareceu para o Kirk do nada. Em vez disso, ele explorou sua ideia de missão geral — popularizar a arqueologia — mediante uma série de "pequenas apostas". Muitas delas, tal como a tentativa de levantar dinheiro para um documentário, fracassaram. Mas esses fracassos foram importantes, pois ajudaram Kirk a afastar a atenção de direções não produtivas. No final, foi uma dessas apostas que o levou diretamente para seu programa de televisão. Ele decidiu filmar a visita a uma pessoa que dizia ter encontrado um tesouro dos Cavaleiros Templários em sua propriedade nos arredores de Pittsburgh.

Pouco tempo depois disso, um produtor escreveu para o chefe do departamento procurando por ideias relacionadas a um programa de arqueologia. Kirk viu o e-mail e enviou para o produtor seu vídeo dos Cavaleiros Templários. O produtor adorou e pouco depois um conceito de programa nasceu com Kirk sendo o apresentador. Desenvolver expertise para identificar uma missão de carreira de qualidade é o primeiro passo para alavancar essa característica. Como a história de Kirk demonstra, implementar uma série de pequenas apostas para sentir o melhor caminho para uma missão é um bom segundo passo.

GILES BOWKETT

(apresentado na Regra 4)

Emprego atual:

Giles é muito conhecido como programador do software Ruby. Seu renome permitiu a ele passar por muitos empregos, de acordo com seus interesses do momento. Ele trabalhou para uma das empresas mais importantes do programa Ruby, conseguiu sustentar-se inteiramente com um blog, ajudou um astro do cinema a lançar um site de entretenimento na internet e mais recentemente começou a escrever um livro.

Porque ele ama o que faz:

Por Giles ter uma personalidade hipercinética, sua habilidade de pular de um emprego interessante para outro, seguindo em frente sempre que algo torna-se aborrecido, é uma combinação perfeita para sua rápida mudança de atenção. Passe qualquer tempo com Giles e perceberá como ele ficará infeliz se for forçado por necessidade econômica a ficar em um emprego de 40 horas semanais, tradicional e de longo prazo.

Como ele aplicou as regras descritas neste livro para conseguir esse emprego:

Giles é outro exemplo de missão sendo usada como a base de uma grande carreira. Neste caso, a missão é a combinação do mundo da arte com a programação Ruby. Giles tornou sua missão um sucesso quando lançou o Archaeopteryx, um programa de software de código aberto que escreve e toca sua própria música. Esse software deu fama a Giles dentro de sua comunidade, a qual tem apoiado sua trajetória de carreira desde sempre.

Assim como Pardis e Kirk, Giles precisou de capital de carreira antes que pudesse identificar sua missão. Ele estudou e desenvolveu música seriamente e passou muitos anos desenvolvendo suas habilidades em programação antes que tivesse um nível suficiente de expertise para reconhecer o potencial em combinar esses mundos. Contudo, a história dele também capturou a segunda das duas estratégias apresentadas na Regra 4 para ajudar missões, uma vez identificadas, a serem bem-sucedidas. Essa segunda estratégia, que chamei de "a lei da notabilidade", diz que um projeto motivado por uma boa missão pode ser notável de duas maneiras. Primeiro, deve motivar as pessoas a comentar sobre ele; segundo, deve ser implementado de maneira a gerar comentários. Essas foram as regras que levaram Giles a idealizar o Archaeopteryx. Ele reconheceu que a demo de um código de computador que cria uma música sofisticada poderia ser algo que chamaria a atenção das pessoas. Percebeu também que a comunidade de software aberto era bem estruturada para espalhar a notícia sobre projetos interessantes, tornando-a um caminho perfeito para o lançamento do software. Combinadas, essas duas características fizeram do projeto, e depois da missão de carreira de Giles, um sucesso.

Notas

Capítulo 2: A Paixão é Rara

1. Roadtrip Nation, http://roadtripnation.com [conteúdo em inglês]. Se clicar no link "Watch", pode pesquisar a série da PBS por temporada e em cada temporada pesquise os episódios pelos assuntos das entrevistas.

2. Entrevista com Ira Glass, Roadtrip Nation Online Episode Archive, 2005, http://roadtripnation.com/IraGlass [conteúdo em inglês].

3. Entrevista com Andrew Steele, Roadtrip Nation Online Episode Archive, 2005, http://roadtripnation.com/AndrewSteele [conteúdo em inglês].

4. Entrevista com Al Merrick, Roadtrip Nation Online Episode Archive, 2004, http://roadtripnation.com/Almerrick [conteúdo em inglês].

5. Entrevista com William Morris, Roadtrip Nation Online Episode Archive, 2006, http://roadtripnation.com/Williammorris [conteúdo em inglês].

6. Vallerand, Blanchard, Mageau et al., "*Les passions de l'âme*: On Obsessive and Harmonious Passion", *Journal of Personality and Social Psychology* 85, n°4 (2003): 756–67.

250 *Notas*

7. Wrzesniewski, McCauley, Rozin, et al., "Jobs, Careers, and Callings: People's Relations to Their Work", *Journal of Research in Personality* 31 (1997): 21–33.

8. Veja o seguinte para um resumo acadêmico: Deci e Ryan, "The 'What' and 'Why' of Goal Pursuits: Human Needs and the Self-Determination of Behavior", *Psychological Inquiry* 11 (2000): 227–68. Para uma visão mais popular, consulte o livro de Daniel Pink, Motivação 3.0 - *Drive* (Rio de Janeiro: Sextante, 2019), ou o site oficial para a teoria: http://www.psych.rochester.edu/SDT/ [conteúdo em inglês].

Capítulo 3: A Paixão é Perigosa

1. Daniel H. Pink, "What Happened to Your Parachute?" FastCompany. com, 31 de agosto de 1999, http://www.fastcompany.com/magazine/27/bolles.html [conteúdo em inglês].

2. Google Books Ngram Viewer, http://books.google.com/ngrams [conteúdo em inglês].

3. Arnett, "Oh, Grow Up! Generational Grumbling and the New Life Stage of Emerging Adulthood–Commentary on Trzesniewski & Donnellan (2010)", *Perspectives on Psychological Science* 5, n°1 (2010): 89–92. Veja a seção intitulada "Slackers or Seekers of Identity-Based Work?" para a citação e discussão relacionada.

4. Julianne Pepitone, "U.S. job satisfaction hits 22-year low", CNNmoney.com, 5 de janeiro de 2010, http://money.cnn.com/2010/01/05/news/economy/job_satisfaction_report/ [conteúdo em inglês].

5. Alexandra Robbins e Abby Wilner, *Quarterlife Crisis: The Unique Challenges of Life in Your Twenties* (Nova York: Tarcher, 2001).

6. Entrevista com Peter Travers, Roadtrip Nation Online Video Archive, 2006, http://roadtripnation.com/PeterTravers [conteúdo em inglês].

Notas 251

Capítulo 4: A Clareza do Artesão

1. George Graham, "The Graham Weekly Album Review #1551: Jordan Tice: *Long Story*", George Graham's Weekly Album Reviews, 11 de março de 1999, http://georgegraham.com/reviews/tice.html [conteúdo em inglês].

2. Steve Martin, Nascido para Matar... De Rir (São Paulo: Matrix, 2008).

3. "An Hour with Steve Martin" (originalmente transmitido pelo canal PBS, 12 de dezembro de 2007), disponível online em: http://www.charlierose.com/view/interview/8831 [conteúdo em inglês].

4. Steve Martin, "Being Funny: How the pathbreaking comedian got his act together", *Smithsonian*, fevereiro de 2008, disponível online em: http://www.smithsonianmag.com/arts-culture/funny-martin-200802.html [conteúdo em inglês].

5. Calvin Newport, "The Steve Martin Method: A master Comedian's Advice for Becoming Famous", Study Hacks (blog), 1 de fevereiro de 2008, http://calnewport.com/blog/2008/02/01/the-steve-martin-method-a-master-comedians-advice-for-becoming-famous/ [conteúdo em inglês].

6. Po Bronson, "What Should I Do with my Life?" FastCompany.com, 31 de dezembro de 2002, http://www.fastcompany.com/magazine/66/mylife.html [conteúdo em inglês].

7. Po Bronson, *O Que Devo Fazer Da Minha Vida?* (Rio de Janeiro: Nova Fronteira, 2004).

Notas

Capítulo 5: O Poder do Capital de Carreira

1. "Ira Glass on Storytelling, part 3 and 4", vídeo do YouTube, 5:20, cortesia de Current TV, upload por "PRI" em 18 de agosto de 2009, http://www.youtube.com/watch?v=BI23U7U2aUY [conteúdo em inglês].

2. Kelly Slater, "Al merrick Talks Sleds", Channel Island Surfboards (blog), 6 de janeiro de 2011, http://cisurfboards.com/blog/2011/al--merrick-talks-sleds/ [conteúdo em inglês].

3. Emily Bazelon, "The Self-Employed Depression", *New York Times Magazine*, 7 de junho de 2009, página mm38, disponível online em: http://www.nytimes.com/2009/06/07/magazine/07unemployed-t.html [conteúdo em inglês].

4. Pamela Slim, *Escape from Cubicle Nation: From Corporate Prisioner to Thriving Entrepreneur* (Nova York: Portfolio Hardcover, 2009).

5. Pamela Slim, "Rebuild Your Backbone. Because you are good enough, smart enough, and doggonit, people like you", Escape From Cubicle Nation (site da autora), http://www.escapefromcubiclenation.com/rebuild- your-backbone-because-you-are-good-enough-smart-enough--and-doggonit-people-like-you/ [conteúdo em inglês].

6. Stephen Regenold, "A Retreat Groomed to Sate a Need to Ski", *The New York Times*, 5 de junho de 2009, C34, disponível online em: http://www.nytimes.com/2009/06/05/greathomesanddestina tions/05Away.html [conteúdo em inglês].

7. Para maiores detalhes sobre os perigos dessa armadilha em particular, veja Robert I. Sutton, *The No Asshole Rule: Building a Civilized Work place and Surviving One That Isn't* (Nova York: Warner Business Books, 2007).

Notas

Capítulo 6: Os Capitalistas de Carreira

1. "Salon media Circus", Salon.com, outubro de 1997. Entre as fases de pesquisa e edição deste livro, a versão online dessa coluna parece ter saído do ar. Estava originalmente disponível em: http://www.salon.com/media/1997/10/29money.html [conteúdo em inglês].

Capítulo 7: Tornando-se um Artesão

1. Djakow, Petrowski e Rudik, *Psychologie des Schachspiels [Psicologia do Xadrez]* (Berlim: Walter de Gruyter, 1927).

2. Charness, Tuffiash, Krampe, et al., "The Role of Deliberate Practice in Chess Expertise," *Applied Cognitive Psychology* 19, n°2 (2005): 151–65.

3. Malcolm Gladwell, Fora de Série: *Outliers* (Rio de Janeiro: Sextante, 2008).

4. http://www.psy.fsu.edu/faculty/ericsson/ericsson.exp.perf.html [conteúdo em inglês].

5. Ericsson e Lehmann, "Expert and Exceptional Performance: Evidence of maximal Adaptation to Task Constraints", *Annual Review of Psychology* 47 (1996): 273–305.

6. Ericsson, Anders K. "Expert Performance and Deliberate Practice", http://www.psy.fsu.edu/faculty/ericsson/ericsson.exp.perf.html [conteúdo em inglês].

7. Geoff Colvin, *Talent Is Overrated: What Really Separates World-Class Performers from Everybody Else* (Nova York: Portfolio Hardcover, 2008).

8. Geoff Colvin, "Why talent is overrated", CNNmoney.com, 21 de outubro de 2008 (originalmente publicado na *Fortune*), http://money.cnn.com/2008/10/21/magazines/fortune/talent_colvin.fortune/index.htm [conteúdo em inglês].

Notas

Capítulo 8: O Elixir do Emprego dos Sonhos

1. Daniel H. Pink, *Motivação 3.0 - Drive* (Rio de Janeiro: Sextante, 2019).

2. DeCharms, "Personal Causation Training in the Schools", *Journal of Applied Social Psychology* 2, n°2 (1972): 95–112.

3. "ROWE Business Case", Results-Only Work Environment (ROWE) website, http://gorowe.com/wordpress/wp-content/uploads/2009/12/ROWE-Business-Case.pdf [conteúdo em inglês].

Capítulo 11: Evitar as Armadilhas de Controle

1. "Derek Sivers: How to start a movement", TED.com, vídeo postado online em abril de 2010, http://www.ted.com/talks/derek_sivers_how_to_start_a_movement.html [conteúdo em inglês].

Capítulo 12: A Vida Significativa de Pardis Sabeti

1. "Pardis Sabeti: Expert Q & A", NOVA ScienceNOW, postado em 7 de julho de 2008, http://www.pbs.org/wgbh/nova/body/sabeti-genetics-qa.html [conteúdo em inglês].

Capítulo 13: Missões Requerem Capital de Carreira

1. Steven Johnson, *De Onde Vêm as Boas Ideias* (Rio de Janeiro: Zahar, 2010).

2. Sabeti, Reich, Higgens, et al., "Detecting recent positive selection in the human genome from haplotype structure", *Nature* 419 n° 6909 (2002): 832–837.

Notas

255

Capítulo 14: Missões Requerem Pequenas Apostas

1. Kirk e Jason odiaram esse nome, já que é contra os princípios da arqueologia dar valor financeiro aos artefatos. Eles preferiram muito mais sua sugestão original de *Artefato ou Ficção*. Em um lance irônico, após transmitirem apenas três episódios da primeira temporada, o Discovery Channel foi processado por um indivíduo que alegava ter os direitos de *American Treasure*. Eles tiraram a série do ar naquele verão e planejaram retransmitir no próximo verão, desta vez usando a sugestão original de Kirk e Jason.

2. Peter Sims, *Little Bets: How Breakthrough Ideas Emerge from Small Discoveries* (Nova York: Free Press, 2011).

Capítulo 15: Missões Necessitam de Marketing

1. Seth Godin, A Vaca Roxa: *Como Transformar sua Empresa e Ganhar o Jogo Fazendo o Inusitado* (Rio de Janeiro: Campus, 2003).

2. Seth Godin, "In Praise of the Purple Cow", FastCompany.com, 31 de janeiro de 2003, http://www.fastcompany.com/magazine/67/purplecow.html [conteúdo em inglês].

3. Chad Fowler, *My Job Went to India: 52 Ways to Save Your Job* (Pragmatic Programmers) (Raleigh, NC: Pragmatic Bookshelf, 2005).

Conclusão

1. A necessidade e a dificuldade desses conjuntos de problemas no aprendizado de matemática é uma das minhas críticas ao movimento crescente da autoeducação. Sem alguém para avaliar o resultado de seu conjunto de problemas — uma nota poderia desempenhar um grande papel nas opções disponíveis para você no futuro — fica difícil imaginar você repetidamente se esforçando pelas dezenas de horas necessárias para obter as respostas e, por sua vez, experimentar um substancial crescimento das habilidades.

2. Alan Lightman, *Sonhos de Einstein* (São Paulo: Companhia das Letras 2014).

Índice

A

Abby Wilner, 22

Abordagem
  deliberada, 91
  diária do trabalho, 33

Alexandra Robbins, 22

Alex Berger, 59, 68, 86, 92, 236
  Covert Affairs, 62
  Glenn Martin, 63
  K-Ville, 67

Alex Kamradt, 8
  Call-in Computer, 8

Al Merrick, 13, 48

Ambiente de Trabalho Apenas com Resultados (ROWE), 112

Amy Wrzesniewski, 15

Andrew Steele, 12

Apple, 6
  Apple II, 46

Argumento da paixão preexistente, 39

Autocontrole, 45

Autonomia, xxii, 54, 125, 140, 214, 241
  potencial, 212

real, 118

Autopromoção, 35

B

Bíblia de pesquisa, 209

Bill Gates, 81

Bluegrass Frat House, 29

Bobby Fischer, 79

Budismo, xiv

C

Capital de carreira, xxiii, 49, 68, 88, 108, 162, 195, 205, 228
  poder do, 43
  teoria do, 49, 142, 162, 228

Capitalistas de carreira, 59

Channel Island Surfboards, 13

Charlie Rose, 33

Clareza do artesão, 29

Comunidade All One, 8

Contagem de horas, 210

Controle, 110, 123, 142, 230
  elixir do emprego dos sonhos, 111, 133, 142, 212

é sedutor, 117

ironia do, 131

poder do, 111

primeira armadilha do, 117, 142, 214, 231

requer capital, 117

segunda armadilha do, 131, 142, 231

valor do, 212, 241

Coragem revisitada, 132

Cultura da coragem, 51, 132, 231, 243

D

Daniel Pink, 17

Derek Sivers, 135, 143, 242

MuckWork, 137

Desconforto mental, 77

Design de estilo de vida, 119

Discovery Channel, 152

E

Empenho, 99

Emprego dos sonhos, 105

Estrutura

da informação, 208

de tempo, 207

F

Fazenda Red Fire, 105, 128

o segredo da, 107

Federação Mundial de Xadrez, 79

sistema Elo, 79

Feedback, 179

concreto, 221

contínuo, 98

fluxo constante de, 98

imediato, 79, 83

sincero, 98

Felicidade, xix, 152

caminho para, xix

ocupacional, 5, 224

Filosofia Zen, xiii

Foco

concentrado, 208

obsessivo na qualidade, 36

Fox, 66

G

Garry Kasparov, 79

Geração

Baby Boomer, 20

Y, 20

Giles Bowkett, 183, 247

Google, 20

Google Ngram Viewer, 20

Grande mestre, 79

H

Índice

Habilidades, 82, 93, 155, 187, 230

Hábitos do artesão, 92

HBO, 66

Hipótese da paixão, xxii, 5, 19, 142, 163, 227

nascimento da, 19

perigo da, 23

Homebrew Computer Club, 46

I

IBM, 80

Deep Blue, 80

Importância da habilidade, xxii, 27

Infelicidade crônica, 37

Inovação, 160, 232

Insatisfação crônica, 228

Insegurança, 40

paralisante, 21

Ira Glass, 12, 46

All Things Considered, 47

This American Life, 47

J

Jeffey Arnett, 20

Joe Duffy, 53, 235

Duffy Designs, 54

Duffy & Partners, 54

Jordan Tice, 29, 35, 76

Joseph Gordon-Levitt, 184

hitRECord, 184

K

Kirk French, 171, 194, 245

Koan, enigma, xvii

L

Lei

da notabilidade, 192, 233, 248

da viabilidade financeira, 139, 216, 231

Lisa Feuer, 50

Karma Kids Ioga, 50

Lulu Young, 123, 241

Lynn Franco, 21

Boards Consumer Research Center, 21

M

Malcom Gladwell, 81

Mark Casstevens, 36, 78

Melhoria contínua, 63

Mentalidade

da paixão, 37, 43, 49, 228

de marketing, 153, 186

de produtividade, 211

do artesão, 36, 43, 86, 228

desqualificadores da, 57

Mercado, 92

de leilão, 92, 230

vencedor leva tudo, 92, 230

Mérito, 52

Microsoft, 9

  BASIC, linguagem de programação, 8

Mike Jackson, 59, 70, 92, 238

Missão, 149, 156, 169, 185, 232

  de carreira, 160, 217

  geral, 186

  poder da, 152, 156

  unificadora, 147

MIT, xx, 30, 57

Motivação humana, 17

Mozart, 82

Mudança de emprego crônica, 21

N

NBC, 65

Noção de notabilidade, 192

Nuvem das distrações externas, 40

O

Objetivos claros, 96

P

Paciência, 99, 163, 219, 245

Padrões de pensamento, 222

Paixão, xiii, 5, 32, 119, 163, 201, 222

  ao longo do tempo, 13

aversão à, 201

ciência da, 14

como efeito colateral, xxiii

culto da, 202

inata, 56

por carreiras, 14

seguir sua, xxi, 108, 198

Pamela Slim, 51

  Escape from Cubicle Nation, 51

Pardis Sabeti, 148, 169, 193, 244

Patamar de desempenho, 85

Paul Terrel, 9

  Byte Shop, 9

PB, 11

PBS, 148

Pensamento convencional, xxiii

Pequenas apostas, 179, 186, 196, 220, 232

Peter Travers, 23

Po Bronson, 37

  O Que Devo Fazer da Minha Vida?, 38

Poder de reflexão, 124

Possível adjacente, 158, 195, 219, 232

Prática deliberada, 84, 91, 205, 229

  autoimposta, 207

Procurar portas abertas, 95

Produtividade, 36

Índice

R

Racionalidade, xvii

Reconstrua sua coragem, 51

Regra

  das 10 mil horas, 81, 229

  dos dez anos, 81

Resistência interna, 207

Richard Bolles, 19

  De que Cor é o seu Paraquedas?, 19

Roadtrip Nation, 11, 23

Robert J. Vallerand, 14

Ryan Voiland, 105, 140, 239

S

Satisfação no trabalho, 21

Seguir seu sonho, 12, 51

Self-Determination Theory. Consulte Teoria da Autodeterminação

Senso de propósito, 151

Sentimento de eficácia, 17

Seth Godin, 188

  A Vaca Roxa, 188

Significado da vida, xiii

Sonho, xix, 119

Steve Jobs, 3, 45

Steve Martin, 33, 99, 204, 227

Steven Johnson, 157

  De Onde Vêm as Boas Ideias, 157

Study Hacks, blog, 34

T

Teoria da Autodeterminação, 17

  "nutrientes" obrigatórios, 17

  afinidade, 18

  autonomia, 18

  competência, 18

Trabalho notável, 44, 56, 162, 228

  controle, 44

  coragem, 51

  criatividade, 44

  impacto, 44

V

Valor, 228

Vida significativa, xiv

Vocação, 15, 50, 142, 164, 201, 222

  verdadeira, 204, 222

W

William Morris, 13

Z

Zen Budismo, xiv

Projetos corporativos e edições personalizadas dentro da sua estratégia de negócio. Já pensou nisso?

Coordenação de Eventos
Viviane Paiva
viviane@altabooks.com.br

Assistente Comercial
Fillipe Amorim
vendas.corporativas@altabooks.com.br

A Alta Books tem criado experiências incríveis no meio corporativo. Com a crescente implementação da educação corporativa nas empresas, o livro entra como uma importante fonte de conhecimento. Com atendimento personalizado, conseguimos identificar as principais necessidades, e criar uma seleção de livros que podem ser utilizados de diversas maneiras, como por exemplo, para fortalecer relacionamento com suas equipes/ seus clientes. Você já utilizou o livro para alguma ação estratégica na sua empresa?

Entre em contato com nosso time para entender melhor as possibilidades de personalização e incentivo ao desenvolvimento pessoal e profissional.

PUBLIQUE
SEU LIVRO

Publique seu livro com a Alta Books. Para mais informações envie um e-mail para: autoria@altabooks.com.br

 /altabooks /alta-books /altabooks /altabooks

CONHEÇA OUTROS LIVROS DA **ALTA BOOKS**

Todas as imagens são meramente ilustrativas.